Die in diesem Buch veröffentlichten Inhalte wurden vom Autor sorgfältig in Theorie und Praxis geprüft, dennoch ist eine Haftung des Autors für Personen-, Sach- und Vermögensschäden ausgeschlossen. Die Anwendung der hier beschriebenen Methoden erfolgt auf eigene Gefahr.

2. überarbeitete Auflage

Idee, Manuskript, Grafik, Satz & Layout: Peter van Veen, Selbstverlag.
Druck: JetDruck GmbH, Potsdamer Straße 3A, D-30916 Isernhagen

ISBN: 978-3-00-021028-0

Peter Lambertus van Veen

Der hermetische Weg

Die geheime christliche Methode zur Erweckung der Kundalini-Kraft

Für meine liebe Ulrike:
Ohne sie wäre dieses Buch
eine Idee geblieben

Inhaltsverzeichnis

Vorwort

Die vier bekannten Methoden der Bewusstseinserweiterung sind: der esoterische, der mystische, der magische und der – von Gurdjieff begründete – “vierte" Weg. Im vorliegenden Werk wird der hermetische Weg der Transformation beschrieben, der als fünfter Weg bezeichnet werden kann. In dieser Methode wird das dreiteilige Meistersymbol der Alchemie benutzt, um die Kundalini-Kraft zu erwecken, was zur geistigen Wahrnehmung führt.

Knappe 30 Jahre habe ich gebraucht, um "Das Meistersymbol" zu finden. Die Techniken zu seiner Aktivierung können ohne die Aufsicht eines Meisters geübt werden, da sie von den höchsten spirituellen Kräften des Universums gelenkt werden.

Dieses Werk ist aufgeteilt in fünf Bücher. Die ersten vier Bücher wurden ursprünglich als einzelne Hefte herausgegeben: "Dein Weg zum Erfolg", "Dein Weg zur neuen Wahrnehmung", "Dein Weg zum kreativen Traum" und "Dein Weg zur Wunscherfüllung". Sie können als Vorbereitung zum fünften Buch "Dein Weg zur Transformation" betrachtet werden. Es ist aber auch möglich, einen oder mehrere Wege zu gehen und es dabei zu belassen. Reicht dir zum Beispiel Erfolg im Leben, brauchst du nur die Techniken aus dem ersten Buch anzuwenden.

Die Übungen in den ersten vier Büchern sind vollständig. Du brauchst keine weitere Anleitung um diese Wege zu gehen. Im fünften Buch findest du Illustrationen und Übersichten, die die Beziehungen zwischen den sieben mystischen Systemen I Ging, Astrologie, Kabbala, Tarot, Alchemie, Yoga und Bibel erläutern. Die drei Techniken, um mit Hilfe des Meistersymbols der Alchemie die

Kundalini-Kraft zu aktivieren, werden dort NICHT beschrieben. Sie werden ausschließlich persönlich in einem Seminar vermittelt (siehe Seite 176). Jeder, der ein Seminar besucht hat, kann – wenn er möchte – die drei Aktivierungstechniken selbst in eigenen Seminarreihen weitergeben, jedoch nur unter Nutzung des folgenden Titels "Die drei Ringe der Kraft nach Peter van Veen".

Diese Methode kann nicht durch das einmalige Lesen dieses Werkes verstanden werden. Nur ein regelmäßiges Arbeiten mit den Übungen und eine Verinnerlichung des Textes führen zum "Durchblick". Arbeite nicht mit zu vielen Übungen gleichzeitig. Es ist auch nicht notwendig, irgendwann alle Übungen gemeistert zu haben. Treffe deine Wahl.

An dieser Stelle danke ich all jenen, die zum Entstehen dieses Buches beigetragen haben: den vielen Menschen, die mir durch Informationen und Ratschläge geholfen haben; den Buchautoren, deren Ideen und Darlegungen ich verarbeitet habe, und meiner Familie, die auf eine Menge gemeinsame Zeit verzichten musste. Dank geht auch an Herrn Guido Funke vom Lektorat Funke, der dem Inhalt dieses Buches eine korrekte und angenehme Form gegeben hat. Sehr großer Dank gilt dem Inder in orangefarbenem Gewand, dem ich 1976 in Indien begegnete und der mir die fünf Worte gab, die das Leben eines Menschen verwandeln können.

I. Buch

Dein Weg zum Erfolg

Einleitung

Eine einfache Methode, um Wünsche zu verwirklichen oder Ziele zu erreichen, die hundertprozentig funktioniert, gibt es sie? 30 Jahre lang habe ich leidenschaftlich nach einer Antwort gesucht. Ich habe Seminare zum Thema Erfolgstraining besucht. Ich habe Yoga und Qi Gong geübt. Und ich habe an die 200 Bücher aus den Bereichen Philosophie, Psychologie, Kreativität, Esoterik, Randmedizin, Erfolgsstrategie und Zeitmanagement studiert. Ich stieß auf viele Methoden, Systeme und Weisheiten:

Manche waren etwas zu theoretisch: Wenn man wirklich an etwas glaubt und der Glaube groß genug ist, dann wird das, woran man glaubt, zur Realität! Das mag sein. Leider stand nicht in dem Buch, wie man zu dem Glauben gelangt, wie man Glauben findet oder entwickelt, wenn man ihn nicht hat (und dass man ihn nicht hat, ist ja klar, weil dieses Etwas ja noch keine Realität ist).

Manche waren etwas zu praktisch: To-do-Listen, Prioritätenlisten, Listen aller Wünsche, Listen kurzfristiger Ziele und Listen langfristiger Ziele. Listen, Listen, Listen: Hast du so etwas schon mal über längere Zeit probiert? Mich erdrückten sie auf Dauer – ich brauche Leben, Kreativität, Spaß an der Arbeit.

Manche waren etwas zu einfach: Man braucht nur etwas beim Universum zu bestellen, es kommt garantiert. Es kam nicht. Was habe ich falsch gemacht?

Ich fand lange Zeit nicht das, wonach ich suchte, und hatte keinen Anhaltspunkt. Je mehr ich las, desto verwirrender wurde die gesamte Informationsmenge. Vieles ähnelte sich zwar, war jedoch wiederum so anders, dass sich für mich keine direkte Beziehung herstellen ließ. Es bildete sich folglich auch keine Struktur, in die sich die einzelnen Informationen einordnen ließen. Aber irgendwann wurden dann doch zwei Schwerpunkte erkennbar:

Die Imagination, die bildhafte Vorstellung, wird von vielen Autoren empfohlen als das Mittel, Träume zu erfüllen. Sie ist deshalb eine der fünf geistigen Techniken in meiner Methode, die Anwendung findet. Leider ist das Erlernen der Imagination ohne praktische Anleitung schwierig. Und nirgendwo fand ich eine brauchbare, einfache Anleitung. Außer in einem Buch – merkwürdigerweise über Schauspielkunst. Dort wurde eine Methode, die Imagination stufenweise zu erlernen, beschrieben. Kombiniert mit einer sehr leichten Vorübung, lernst du die Imagination in sieben Phasen.

Die fünf Elemente tauchen in vielen Theorien und Disziplinen auf. China hat die Elemente Holz, Feuer, Erde, Metall und Wasser, Griechenland hat die Elemente Äther, Luft, Feuer, Wasser und Erde und Indien hat seine sieben Chakren, wobei die unteren fünf einem Element zugeordnet werden. Viele Jahre lang hat mich irritiert, dass ich nicht wusste, was die Elemente nun eigentlich sind. Letztendlich haben zwei Bücher wesentlich dazu beigetragen die Antwort zu finden: Ein Buch über chinesische Schwertkampftechniken, das im Westen für das Managertraining entdeckt wurde und ein Buch über die Psychologie des 4-Farben-Menschen. Die Antwort lautet: Die Elemente sind geistige Energien, die durch bestimmte Techniken aktiviert werden können!

Aus der Kombination beider Erkenntnisse entstand meine Erfolgsmethode: Sie vermittelt dir fünf aufeinander folgende Techniken, um deine Ziele zu erreichen und deine Wünsche zu erfüllen. Sie sind alle verblüffend einfach, und durch sie werden die fünf geistigen Kräfte "gezündet". Auch die Imagination bewirkt eine sofortige Aktivierung der entsprechenden Geisteskraft. Um das Ergebnis aber zu steigern, solltest du die Imagination nebenbei in sieben Stufen üben. Diese Techniken und das, was sie entfesseln, haben eine enorme Auswirkung auf dein Leben – wenn du sie anwendest. Sie bewirken nichts, wenn du sie nicht anwendest! Logisch natürlich, aber trotzdem zögern viele von uns, zur Tat zu schreiten, wenn es um das Erreichen eigener Ziele geht. Es ist nicht nachteilig, wenn du die theoretischen Hintergründe nicht kennst. Für Esoteriker sind sie bestimmt interessant. Aber letztendlich geht es darum, eine Technik anzuwenden. Tun ist eine höhere Stufe als Wissen!

Die Anwendung der ersten Technik hilft dir, an deinem Ziel festzuhalten. Die zweite Technik ist die Imagination. Als Ergebnis wird dir dein Unterbewusstsein die Möglichkeiten, dein Ziel zu erreichen, aufzeichnen: Du findest den Weg. Die dritte Technik wird die Effizienz deiner Handlungen enorm steigern. Die vierte Technik erfordert minimalen Aufwand. Es dauert aber lange, bis sie Wirkung zeigt. Diese Wirkung übertrifft dann allerdings alle Erwartungen. Durch sie erlebst du wahre Durchbrüche in vielen Bereichen. Die fünfte Technik sorgt dafür, dass du auf dem Weg zu deinem Ziel mit Sieben-Meilen-Schritten vorankommst. Suchst du einen Wälzer voller kosmischer Gesetze, Theorien, Übungen, Ratschlägen, Aphorismen und Fallbeispielen, dann ist dieses Buch nicht das richtige Buch für dich. Möchtest du in deinem Leben durch die Anwendung fünf einfacher Techniken – kurz und verständlich beschrieben – endlich deine Träume verwirklichen und deine Ziele erreichen, dann ist dieses Buch genau zur richtigen Zeit in deinem Wahrnehmungskreis aufgetaucht.

Gehe die Sache ruhig an. Fange mit der ersten Technik an, nehme nach einigen Tagen die zweite dazu. Führe diese beiden einige Wochen lang aus, bevor du mit der dritten Technik anfängst. Nach wieder einer Woche kommt die vierte Technik dazu und nach einer weiteren Woche die letzte Technik. Schon bald wirst du positive Veränderungen bemerken. Es kann aber passieren, dass deine Probleme für kurze Zeit größer werden. Keine Panik, es ist das Zeichen, dass die Lösung in Sicht ist.

Viel Erfolg!

Die fünf Elemente sind geistige Energien, die durch bestimmte Techniken aktiviert werden können!

Die Macht der Affirmation

Weißt du, wie man feststellt, ob ein Ei gekocht oder roh ist? Man legt das Ei hin und stößt es mit zwei Fingern so an, dass es sich um die eigene Achse dreht. Ein ungekochtes Ei kannst du nicht zum Drehen (Spinnen) bewegen. Ein Gekochtes aber sehr wohl. Woran liegt das? Das ungekochte Ei hat keine feste Masse. Der Dotter schwebt im schwabbeligen Eigelb. Dadurch hat das Ei beim Drehen keinen festen Schwerpunkt. Das gekochte Ei kann man in eine schnelle Drehbewegung versetzen, weil es fest ist und eben einen Schwerpunkt hat.

Stell dir vor, du fährst mit deinem Auto los. Du fährst den ganzen Tag. Abends hältst du an einer Tankstelle. Der Tankwart fragt, wohin du willst. "Wo ich hin will?" Du schaust ihn verdutzt an und sagst, dass du es nicht weißt. Dann fragst du den Mann, wo du eigentlich bist. Und es stellt sich heraus, dass du in einem Ort bist, 30 Kilometer entfernt von dem Ort, an dem du am Morgen gestartet bist. Du bist 600 Kilometer gefahren und hast effektiv nur 30 Kilometer zurückgelegt, weil du nicht wusstest, wohin du willst.

Im ersten Beispiel gab es kein Ergebnis, weil es keinen festen Punkt gab, um den sich die Masse drehen konnte. Im zweiten Beispiel kam es zu einem armseligen Ergebnis, weil es keinen Punkt gab, auf den man sich zu bewegte. Zwei Mal großer Aufwand und kleines Ergebnis, nur weil der feste Punkt fehlte! Und genau so geht es leider den meisten von uns im Leben: Große Anstrengung, wenig oder kein Erfolg. Und das nur, weil es an einem festen Punkt fehlt, an einem Ziel! Fünfundneunzig Prozent aller Menschen wissen nicht, was sie vom Leben wollen. Sie haben kein klares Ziel vor Augen. Alle ihre Anstrengungen zeigen kaum Wirkung, weil sie auf nichts Konkretes gerichtet sind. Die meisten Menschen aber haben Wünsche: Mehr Geld, eine sportliche Figur, ein großes Haus, ein neues Auto, eine bessere Beziehung, eine höhere Position in der Firma ... Das alles sind zwar Wünsche, aber noch keine Ziele. Damit ein Wunsch ein Ziel wird, muss dieser Wunsch bewusst als Ziel gewählt werden. Man muss sich sagen: Das ist mein Ziel, das will ich und ich bin entschlossen, es zu erreichen.

Die erste der fünf geistigen Kräfte, die du aktivieren musst, um deine Ziele zu erreichen, ist die Konzentration: die Ausrichtung der Aufmerksamkeit auf einen Punkt. Du musst ein Ziel wählen und dieses Ziel dauernd im Auge behalten. Beachte: Ein Ziel nur und nicht zwei oder noch mehr! Ein Ei dreht sich nicht um zwei Punkte. Auch kommst du nicht weit, wenn du gleichzeitig in zwei Orte fahren willst.

Welchen Wunsch solltest du dir zum Ziel machen? Wir haben normalerweise mehr als einen Wunsch, und eine Wahl zu treffen, ist manchmal schwierig. Vielleicht helfen dir folgende Überlegungen: Bist du krank, dann wähle doch dein Ziel im entsprechenden Bereich der Gesundheit. Bist du gesund und es fehlt dir an Geld, dann wähle doch Geld als Ziel. Hast du genug Geld, dann wähle Liebe oder mehr Freunde als Ziel. Bekommst du genug Zuwendung, dann wähle Erfolg im Beruf und Anerkennung als Ziel. Erfährst du genug Anerkennung, dann wähle dein Ziel in irgendeinem Bereich, in dem du dich entfalten möchtest. Für viele spielt das Geld zunächst eine wichtige Rolle, weil sich mit Geld viele andere Ziele erreichen lassen. Wähle dein Ziel für ein Jahr, dann kannst du nächstes Jahr ein noch höheres Ziel im gleichen Bereich oder ein Ziel in einem anderen Bereich festlegen. Mache dir keine Gedanken darüber, wie du dein Ziel überhaupt erreichen kannst: Eine andere geistige Kraft, die du noch kennen lernen wirst, wird den Weg weisen.

Die einfachste Technik, um Konzentration zu bewirken, ist die Affirmation: Wähle dein Ziel und formuliere dein Ziel als einen Satz, etwa: Ich, Hermann, verdiene im Jahr 2004 60.000 Euro. Achte darauf, deinen Satz positiv zu formulieren! Nicht: Ich, Hermann, habe im Dezember 2004 keine Schulden mehr. Sondern: Ich, Hermann, habe im Dezember 2004 10.000 Euro auf meinem Konto. Dein Ziel soll keine negativen Worte wie "nicht" und "keine" enthalten oder negative Zustände wie zum Beispiel Schulden, Krankheit, Arbeitslosigkeit ... beschreiben. Dein Ziel ist es nicht "nicht krank", sondern "gesund" zu sein. "Ich fahre nach Hamburg" ist ein Ziel. "Ich fahre nicht nach Berlin" ist kein Ziel, das man ansteuern kann. Spreche deinen Satz jeden Morgen nach dem Erwachen drei Mal. Und abends vor dem Einschlafen auch noch drei Mal. Und zwar jeden Tag. So bleibt dein gewähltes Jahresziel dein vorrangiges Bedürfnis und verblasst nicht wieder zum bloßen Wunsch.

Die Konzentration ist die erste von fünf geistigen Kräften, die zum großen Erfolg führen. Sie ist die wahre vorwärtstreibende Kraft. Sie fördert unsere Handlungsfähigkeit auf nahezu unglaubliche Weise. Wendest du sie an, indem du ein Ziel wählst und dieses täglich bestätigst, dann hast du deinem Leben eine Richtung gegeben. Du gehörst von nun an nicht mehr zu den Menschen, die von Umständen und anderen Menschen bestimmt werden und ziellos durch ihr Leben gehen. Halte unbeirrt an deinem Ziel fest, gehe dort weiter, wo andere aufhören, folge dem Weg und kehre nie zurück!

95% aller Menschen wissen nicht, was sie vom Leben wollen. Sie haben kein klares Ziel vor Augen.

Notizen:

Mein größter Wunsch:

Mein Jahresziel:

Meine Affirmation:

Die Macht der Imagination

80 Prozent unserer Handlungen sind Gewohnheit. Wir kaufen immer in Laden A und B ein und nicht in Laden C und D. Wir nehmen den Weg E zu unserer Arbeit und wissen gar nicht, wie die Straße F aussieht, die auch zur Arbeitsstätte führt. Wir lesen die Zeitschrift G und werden wohl nie einen Blick in Zeitschrift H werfen. Wir haben von tausenden Dingen, die es zu tun gibt, einige wenige ausgewählt und halten eisern daran fest. Das hat zwei große Vorteile. Wir haben den Kopf frei für Überlegungen, weil wir nicht immer das Rad neu erfinden müssen. Und es gibt uns ein Gefühl der Sicherheit. Wir gehen bekannte Wege und brauchen keine Stielaugen, keine erhöhte Wachsamkeit.
Wenn wir die Wege, die wir gewählt haben, lange genug gegangen sind, vergessen wir leider, dass es nur eine Wahl war, gerade diese Wege zu gehen. Sie sind zur Gewohnheit geworden. In unserer Vorstellung gibt es für uns selbst nur diese ganz bestimmten Wege. Die Fähigkeit, andere oder neue Möglichkeiten wahrzunehmen, haben wir nach und nach eingebüßt. Nehmen wir an:

Du kaufst immer in den gleichen Läden ein.
Du nimmst immer den gleichen Weg, um zum Punkt X zu kommen.
Du isst nur Joghurt der Marke Y.
Du liest nur die Zeitung Z.
Du gehst ins Varieté, die Operette besuchst du nie.
Du fährst nur mit dem Auto.
Du besuchst deine Mutter immer und lädst sie nie zu einem Essen im Restaurant ein.
Jeden Morgen nimmst du eine Dusche, für ein Bad hast du nie Zeit.
Mit deinem Nachbarn redest du nie, weil du ihn für doof hältst.

80 Prozent deines Tuns ist Gewohnheit. Im Laufe der Zeit wird diese verminderte Wachsamkeit zu einem Halbschlaf. Alles ist Routine und Trott geworden und das sprudelnde Lebensgefühl ist verschwunden. In dir läuft jetzt immer das gleiche Programm ab und dieses Programm hast du selbst durch ständige Wiederholung auf eine Art CD-ROM eingebrannt. Dein Computer "Unterbewusstsein" spielt ständig das Programm dieser CD-ROM "Gewohnheit" ab. Das Programm, das dein Denken und Handeln zu 80 Prozent bestimmt, hat die Lebenssituation hervorgebracht, in der du dich jetzt befindest: Du wohnst in einem kleinen oder in einem großen Haus. Du verdienst 30.000 Euro oder 150.000 Euro im Jahr. Du siehst sportlich aus oder eher schlaff. Du ...

Deine Lebenssituation ist das Endergebnis deines Programms oder, anders betrachtet, die Grenze deiner Vorstellung. Die Möglichkeit, viel mehr zu verdienen als jetzt oder schöner zu wohnen, existiert gar nicht in deiner Vorstellung. Die zweite geistige Kraft, der du dich bedienen musst, um erfolgreich zu sein, ist die Kreativität. Sie ist das Gegenteil von Gewohnheit. Die Technik zur Aktivierung der Kreativität ist die Imagination: Du musst dir dein Ziel bildlich vorstellen. Um Wünsche zu verwirklichen, musst du sie zuerst als Möglichkeiten träumen! Die Methode ist an sich einfach: Arbeite eine Szene aus, die das Erreichen deines gewählten Zieles darstellt. Nehmen wir ein Beispiel: Du hast als Jahresziel eine Gehaltserhöhung von 500 Euro im Monat gewählt. Mache dir jetzt Gedanken darüber, welches Ereignis oder welche Situation die Verwirklichung deines Wunsches repräsentiert. Es gibt mehrere Möglichkeiten: Dein Chef erzählt dir, dass er dir eine Gehaltserhöhung gibt, oder dein Kontoauszug weist plötzlich 500 Euro mehr Gehalt als früher aus. Wähle das Ereignis, das dir am meisten gefällt. Dann entwerfe die kleine Szene: Du sitzt zum Beispiel im Chefzimmer deinem Vorgesetzten

gegenüber und trinkst eine Tasse Kaffee. Da werden einige Sachen besprochen und plötzlich erzählt der Chef dir lächelnd, dass er entschieden hat, dir eine Gehaltserhöhung von 500 Euro zu geben. Du dankst ihm, schüttelst seine Hand, verlässt den Raum und rufst sofort deine Frau oder deinen Mann an, um ihr oder ihm die freudige Nachricht mitzuteilen. Und die von dir entworfene Szene stellst du dir nun jeden Morgen und jeden Abend nach dem dreimaligen Aufsagen deines Konzentrationssatzes so lebendig wie möglich vor. Versuche dich selbst in der Szene zu sehen: Wie du im Stuhl sitzt, wie du mit deiner Frau oder deinem Mann telefonierst usw. Sage dir selbst, dass das, was du dir vorstellst, jetzt Wirklichkeit ist. Welches Ziel du wählst, ist egal. Es muss nicht unbedingt ein kleines Ziel wie die Gehaltserhöhung um 500 Euro sein. Es ist sogar besser, größere Ziele zu wählen. Wähle aber immer positive Ziele, nie ein Ziel, das anderen Menschen schaden würde. Die freigesetzten negativen Energien schlagen irgendwann auf dich selbst zurück. Wie gesagt, die Technik der Imagination an sich ist einfach. Du kannst sie sofort anwenden. Um noch bessere Ergebnisse zu erzielen, ist es gut, auch das Bildersehen (Visualisieren) täglich zu üben. Die sieben Stufen werden im Kapitel "Visualisierungsübungen" beschrieben. Es ist nämlich leider so, dass unsere Vorstellungskraft durch eine stark auf Bücherwissen ausgerichtete Erziehung sehr verkümmert ist. Wenn wir versuchen, uns etwas vorzustellen, sind die Bilder meistens sehr verschwommen und unklar. Ab jetzt stellst du dir also jeden Tag die Situation, in der dein Wunsch realisiert ist, vor. Dein Computer "Unterbewusstsein" hat jetzt eine andere CD-ROM in seinem Laufwerk:
Das Programm, das er abspielt, ist jetzt nicht mehr "Gewohnheit – Trott – das Leben wie es ist und wohl immer bleiben wird" sondern "Ideal – erreichtes Ziel – verwirklichter Wunsch".

Was ist die Folge dieser "Umprogrammierung"? Die Imagination – eine Art Tagtraum – übermittelt unserem Unterbewusstsein neue Bilder einer imaginären Wirklichkeit. Das Unterbewusstsein wird nun angeregt, einen Weg zu finden, diese Phantasie Wirklichkeit werden zu lassen, und nutzt dafür die geistige Kraft der Kreativität. Es ist wie das Ausbrüten eines Eis. Es braucht seine Zeit: Die Bilder müssen täglich wiederholt werden. Nach einigen Tagen oder Wochen ist ganz plötzlich die Lösung da! Du hast den Weg, dein Ziel zu erreichen, gefunden.

Wichtig: Durch die Anwendung der ersten beiden Techniken steht dir täglich eine große Portion zusätzlicher Energie für deine Arbeit zur Verfügung. Deshalb solltest du sie weiterhin anwenden, auch nachdem du erkannt hast, wie du dein Ziel erreichen kannst. Das heißt, dass du ein Jahresziel wählst und dann das ganze Jahr hindurch täglich die Affirmation und die Imagination morgens und abends durchführst. Das Jahr darauf wählst du ein neues Jahresziel, denkst dir einen passenden positiven Satz und eine entsprechende Szene aus, und wendest diese beiden das ganze Jahr lang an.

Um die Lockerung deines alten Gedanken- und Verhaltensmusters zu beschleunigen, kannst du noch Folgendes tun: Versuche ab jetzt die Möglichkeiten zu sehen, lege deine inneren Ketten ab: Alles ist eine Wahl. Du kannst auch anders entscheiden:

Du gehst in einen Laden, in den du normalerweise nie gehst und schaust dich um.
Du gehst durch eine andere Straße, um zum Frisör zu kommen.
Du kündigst deine Zeitung und bestellst ein Probeabonnement für eine andere Zeitung. Gefällt sie dir nicht, kannst du immer noch deine alte Zeitung neu

abonnieren.
Du gehst in die Operette, ins Museum, zum Fußballspiel und schaust, wie es dir gefällt.
Um deinen Freund Theo zu besuchen, der zehn Kilometer entfernt wohnt, nimmst du heute dein Fahrrad.
Das nächste Mal, wenn du deine Mutter besuchst, nimmst du sie mit in ein Restaurant und schenkst ihr Blumen.
Du kaufst einen aromatischen Badezusatz und legst dich in die Badewanne.
Du fragst deinen Nachbarn, wie es seinen Kindern geht.

Dein Blickwinkel ändert sich hierdurch, du siehst Möglichkeiten, wo du früher nur Probleme sahst, du fängst an, Sachen anders und andere Dinge als sonst zu tun. Die durch die Imagination gelieferte kreative Lösung wirst du dadurch leichter verwirklichen können.

Bemerkung: Es dauert eine Weile, bis das Unterbewusstsein durch die Imaginationen angeregt wird und eine Lösung oder Antwort liefert. Es gibt eine Technik, die die Lösung des Problems durch das Unterbewusstsein fast sofort sichtbar macht: Ich habe die alchemistische Technik der Veredlung auf die Technik des Brainstormings angewandt. Beim Brainstorming erhält man viele Lösungen, von denen man einige wählt. Diese Technik liefert nur eine Lösung, aber es ist die optimale Lösung, die wie der sprichwörtliche Deckel auf den Topf passt. Im zweiten Buch stelle ich diese Technik vor.

Die Macht der Konkretisierung

Kennst du das? Morgens um 10 Uhr willst du eine Aufgabe erledigen. Du meinst, du wirst dafür zwei Stunden Zeit benötigen. Nachmittags um vier Uhr stellst du dann frustriert fest, dass du die Aufgabe immer noch nicht ganz erledigt hast. Stell dir vor, du musst gegen einen Feind kämpfen und der Feind ist ein monströser Riesenschwamm. Du bist ein ausgezeichneter Boxer und attackierst ihn. Du schlägst und schlägst und schlägst noch einmal. Völlig erschöpft gibst du nach 23 Minuten auf. Deine Schläge bewirken kaum etwas: Der Schwamm ist noch in voller Größe da. Warum konntest du ihn nicht besiegen? Weil ein Schwamm ein Schwamm ist. Schläge und Boxattacken bewirken bei einem Schwamm fast nichts. Ähnlich ist es bei der Erledigung vieler Aufgaben. Du strengst dich an, machst einen Riesenwirbel und musst am Ende feststellen, dass fast nichts dabei herausgekommen ist. Warum? Weil die Aufgabe schwammig war: allgemein, abstrakt, neblig, undefiniert.

Du sagst zu dir selbst: "So, jetzt räume ich das Dachbodenzimmer auf." Doch "Dachbodenzimmer aufräumen" ist eine allgemein gehaltene, unklare Instruktion. Und nach dieser Vorgabe arbeitest du: Du verbringst eine Dreiviertelstunde damit, alte Zeitschriften durchzublättern, um zu entscheiden, welche du wegwerfen kannst und welche du behalten solltest. Hast du dich von deiner Aufgabe ablenken lassen? Nein! Zeitschriften durchzublättern, um zu entscheiden, von welchen du dich trennen kannst, gehört wirklich zur Aufgabe "Dachboden aufräumen". Es gibt nämlich tausende von Tätigkeiten, die zu dieser Aufgabe gehören. Und genau da liegt das Problem: Eine allgemeine Instruktion wird durch ihre unzähligen Möglichkeiten, durch ihre vielen Schlupflöcher zu einem fast unbesiegbaren Schwamm. Und deshalb trifft das Pareto-Prinzip zu, das besagt, dass im Normalfall 80 Prozent von unserem Aufwand nur 20 Prozent des Ergebnisses bringen: Wir tasten herum wie in einem Nebel und werden mit der Situation nicht richtig fertig. (Pareto war ein Wirtschaftsexperte, der herausfand, dass in Italien 20 Prozent der Bevölkerung 80 Prozent der Besitztümer besaß. Varianten des Pareto-Prinzips besagen, dass 20 Prozent der Kunden 80 Prozent des Umsatzes bringen, dass 20 Prozent eines Buches 80 Prozent der Information beinhaltet usw.)

Konkretisieren wir das Allgemeine, bestimmen wir das Undefinierte, grenzen wir das Nebulöse ein und drehen den Spieß um, dann bewirken 20 Prozent unserer Anstrengungen 80 Prozent Ergebnis! Und sind wir dazu noch zufrieden mit diesen 80 Prozent, weil wir den lähmenden Perfektionsanspruch aufgegeben haben, dann sind wir fertig! Fertig mit einer Aufgabe in einem Fünftel der Zeit, die wir normalerweise benötigen würden. Nur weil wir genau festlegen, was wir tun wollen und weil wir auf Perfektion verzichten!

Die dritte Technik ist die Technik der Konkretisierung: Nimm irgendein Heft und schreibe "Konkret" vorne darauf. Bevor du eine Aufgabe anfängst, fragst du dich: "Was will ich jetzt konkret tun?" Halte in deinem Heft anhand einiger Stichworte diese konkreten Handlungen fest. Führe die konkreten Handlungen aus und – wichtig! – mache nicht mehr, als du tun wolltest! Fertig ist fertig.

Nicht: "Ich schreibe einen Brief", sondern: "Ich schreibe einen Brief mit einer Länge von einer halben DIN-A4-Seite und folgenden drei Themen: Meine Urlaubspläne – Dein neuer Job – Kannst du unseren Hund übers Wochenende betreuen?"

Nicht: "Ich grabe heute Nachmittag weiter an dem Loch in unserem Garten", sondern: "Ich grabe von 15 Uhr bis 16.30 Uhr weiter an dem Loch in unserem Garten. Ich ziehe mich schon um 14.45 Uhr um, damit ich rechtzeitig anfangen kann. Ich höre genau um 16.30 Uhr auf, auch wenn es gerade so gut von der Hand geht."

Nicht: "Ich möchte nächste Woche zusätzliches Geld verdienen und denke darüber nach", sondern: "Ich setze mich hin und überlege, mit welchen Methoden oder Tätigkeiten ich in der nächsten Woche 100 Euro extra verdienen kann. Ich denke so lange nach und suche, bis ich vier Möglichkeiten gefunden habe. Danach wähle ich die aussichtsreichste Methode und lege fest, wann und wie genau ich in der nächsten Woche handeln werde."

Nicht: "Ich mache einen Spaziergang", sondern: "Ich mache jetzt einen Spaziergang, gehe die Lindenallee hoch, mache einen Rundgang durch den Park, füttere die Eichhörnchen und komme dann durch die Paulusstraße, in der ich schon seit Ewigkeiten nicht mehr war, zurück."

Nicht: "Ich habe so viel gearbeitet, Dienstag lege ich eine Pause ein", sondern: "Ich habe so viel gearbeitet, Dienstag mache ich etwas zur Entspannung, was ich noch nie getan habe. Ja mir fällt spontan ein, ich möchte in einen Kosmetikladen gehen und meine Füße behandeln lassen. Ich mache sofort einen Termin."

Habe keine Angst, dass dein Leben dadurch überstrukturiert und rigide wird. Konkrete Absichten werden dich autonom und unabhängig machen. Deine Handlungen werden nicht länger überwiegend fremdbestimmt sein und eine große Dynamik haben. Die Technik der Konkretisierung aktiviert deine geistige "Stoßkraft". Wo du vorher mit einem Schlag gerade eine Pappschachtel durchhauen konntest, reicht ab jetzt ein Schlag von dir, um einen Baum zu fällen! Wenn du mit dieser Übung anfängst, kann es gut sein, dass du in den ersten Tagen wütend wirst, weil es dir nicht gelingt, die konkreten Anweisungen zu befolgen. Aber es wird eine gesunde Wut sein, die deine Handlungen klar und effizient machen wird.

Im Normalfall bringen 80 Prozent von unserem Aufwand nur 20 Prozent des Ergebnisses!

Die Macht der rhythmischen Wiederholung

Steter Tropfen höhlt den Stein: Ist es nicht unglaublich, dass so etwas Nichtiges und Schwaches wie ein Wassertropfen etwas unnachgiebig Hartes wie einen Stein durchdringen kann – nur durch ständige Wiederholung eines kleinen Vorgangs:

Tropf, tropf, tropf, tropf, tropf, ..., tropf, tropf, tropf, ..., tropf, tropf, tropf, tropf, tropf, ..., tropf, tropf, tropf, tropf, tropf, tropf, ..., tropf, tropf, tropf, ..., tropf, tropf, tropf, tropf, tropf, ..., tropf, tropf, tropf, tropf, tropf, tropf, ..., tropf, tropf, tropf, ..., tropf, tropf, tropf,

LOCH !

Ist es nicht erstaunlich, dass ein tropfender Wasserhahn über Nacht einen ganzen Eimer füllt?

Tropf, tropf, tropf, tropf, tropf, ..., tropf, tropf, tropf, tropf, tropf, tropf, ..., tropf, tropf, tropf, ..., tropf, tropf, tropf, tropf, tropf, ..., tropf, tropf, tropf, tropf, tropf, tropf, ..., tropf, tropf, tropf, ..., tropf, tropf, tropf, tropf, tropf, ..., tropf, tropf, ..., tropf, ..., tropf, ..., tropf, tropf, tropf,

VOLL !

Als ich 19 Jahre alt war, gab mir ein Bekannter ein merkwürdiges Rätsel auf: Er überreichte mir eine leere Flasche, ließ einen Pfennig hineinfallen und sagte, ich solle versuchen, den Pfennig auf der Stelle aus der Flasche zu befreien. Der Pfennig dürfe die Flasche aber nicht durch ihren Hals verlassen! Ich sollte die Flasche in meiner Hand halten und durfte sie nicht zerschlagen. Ich fand die Lösung nicht. Der Mann musste es mir zeigen, und ich war völlig begeistert, als ich schließlich sah, wie der Pfennig die

Flasche plötzlich verließ. Er nahm die Flasche und bewegte sie rhythmisch auf und ab, immer mit einem kleinen Ruck beim Hochkommen der Flasche. Mit der Folge, dass der Pfennig die Flasche immer wieder an der oberen Seite – einige Zentimeter über dem Boden – an genau derselben Stelle traf. Nach einigen Minuten hörte ich plötzlich ein "Ping" und der Pfennig flog in hohem Bogen durch den Raum. In der Flasche war ein kleines rundes Loch, und zwar dort, wo der Pfennig immer wieder auf das Glas gestoßen war. Probiere es aus. Auf Partys ist es ein unterhaltsames Rätsel! Die vierte geistige Technik ist die Technik der rhythmischen Wiederholung. Die meisten Menschen überschätzen, was sie kurzfristig erreichen können und unterschätzen, was sie langfristig erreichen können. Es gibt in unserem Leben so einige Dinge, die wir eigentlich machen sollten, die viele von uns aber nie machen, weil sie langweilig, zeitaufwendig, lästig oder schwierig sind. Fitnesstraining, früh aufstehen, eine für unseren Beruf nützliche Sprache lernen, Briefwechsel mit Bekannten, abnehmen, ...

Jeden Tag 20 Minuten Gymnastik: Wir fangen an und lassen es nach zehn Tagen wieder sein. Nach drei Jahren merken wir, dass wir doch unbeweglicher werden und fangen wieder an. Diesmal schaffen wir es sogar 14 Tage! Nach fünf Jahren ein neuer Anfang, weil das Knie zu schmerzen beginnt. Nach drei Tagen tut das Gelenk durch die Übungen so weh, dass wir aufhören. Wendest du die Technik der rhythmischen Wiederholung an, so würdest du zum Beispiel drei Übungen wählen: Eine für den Rücken, eine für die Arme und eine für das Knie, weil das schon immer etwas schwach war. Die Gesamtdauer für drei Übungen beträgt zwei Minuten. Und diese Übungen machst du jeden Tag, Woche für Woche, Jahr für Jahr. Immer nur zwei Minuten lang. Schauen wir uns zehn Jahre im Leben einer Person aus dem ersten Fall an: Im ersten Beispiel hat sie angefangen intensiv zu üben, hat das aber nicht durchhalten können. Das Ergebnis ist 10 plus 14 plus 3 mal 20 Minuten. In zehn Jahren sind das 540 Minuten Training. Im zweiten Beispiel übt die Person 10 mal 365 mal 2 Minuten, macht 7.300 Minuten. Das ist mehr als 13 mal so häufig wie im ersten Beispiel. Es sind die Tropfen, die auf Dauer einen ganzen Eimer füllen.

Jetzt aber kommen wir zum zweiten Effekt der Tropfen, nämlich einen Stein zu durchbohren, um weiter fließen zu können. Rhythmische Wiederholung über längere Zeit hinweg und auf einen sehr kleinen Bereich beschränkt, wird zu einem gigantischen Durchbruch führen. Der Pfennig "klopft" immer wieder gegen die glasharte Wand der Flasche und kann auf einmal ihren engen Raum verlassen. Wir haben es mit einer auf einen winzigen Punkt gerichteten Energie zu tun. Energie, die einen Durchbruch verursacht und sich plötzlich explosionsartig ausbreiten wird. Rhythmische Wiederholung aktiviert die geistige Kraft der Resonanz. Die Person, die drei Übungen über Jahre hinweg im gleichen Rhythmus wiederholt hat, wird auch irgendwann einen Durchbruch erleben: Einen Durchbruch, der seine Wirkung im gesamten Körpersystem manifestieren wird.

Und das ist das Geheimnis der rhythmischen Wiederholung: Kleine Mengen, aber immer wieder und wenig Kraft, jedoch immer auf denselben Punkt gerichtet, zeigen irgendwann eine lawinenartige Wirkung, die ganze Bereiche und komplette Systeme überrollen wird.

Die Homöopathie wendet das Prinzip der kleinen Mengen und des Rhythmus auf Ihre Art an: Je kleiner die Menge, je größer die Wirkung. Soldaten dürfen nicht im Glied über eine Brücke marschieren, denn die Schwingung, die sie beim Marschieren verursachen, könnte möglicherweise die

Eigenschwingung der Brücke sein. Und das hätte zur Folge, dass die Brücke selbst zu vibrieren beginnt und dadurch möglicherweise einstürzt! Stell dir das vor: 100 Soldaten könnten durch bloßes rhythmisches Stampfen eine Brücke einstürzen lassen! Auch an diesem Beispiel sieht man die gigantische Wirkung der Kraft der "Resonanz".

Die Technik der rhythmischen Wiederholung kannst du einsetzen, um Hindernisse auf dem Weg zum Ziel zu "sprengen". Du kannst sie auch allgemein anwenden: Wähle etwa sieben Bereiche, in denen Fortschritte erwünscht wären. Wähle für jeden Bereich eine kleine Übung oder minimale Tätigkeit, die vielleicht maximal zwei Minuten dauert. Führe diese Tätigkeiten nacheinander als Block von zirka 15 Minuten jeden Tag – am besten gleich morgens – aus. Du wirst auf Dauer große Fortschritte in sieben (!) Bereichen erzielen, dabei aber einen Aufwand von nur 15 Minuten täglich betreiben! Viele Tropfen füllen auf Dauer einen ganzen Eimer: Du wirst in diesen Bereichen Durchbrüche erleben, die fast wie Wunder wirken werden – viele Tropfen bohren auf Dauer einen Loch in einen Stein.

Beispiele:

Jeden Tag zwei neue Worte Englisch lernen und vier schon gelernte wiederholen. Nach fünf Jahren kennst du nicht nur 3.650 englische Worte: Die englische Sprache wird dich irgendwann ergreifen, "überrollen"!
Jeden Tag eine kurze Entspannungsübung für die Augen einplanen, immer die gleiche!
Jeden Tag wählst du nach Lust und Laune irgendjemanden aus deinem Freundes- oder Bekanntenkreis aus und schickst ihm eine E-Mail mit nicht mehr als sechs Zeilen. Nach fünf Jahren macht das 10.950 Zeilen Beziehungspflege! Dein soziales Leben wird plötzlich eine

ganz neue Dimension erreichen.
Jeden Tag einen Euro weglegen und die angesammelte Menge monatlich auf ein Sparbuch einzahlen.
Jeden Tag zwei Minuten lang etwas aufräumen ...

Es gibt noch ganz andere Möglichkeiten:

Jeden Tag von 10 Uhr bis 10.15 Uhr auf Zigaretten verzichten. Jeden Tag! Auch hier wird der Durchbruch kommen.

Wenn du gern viel früher aufstehen würdest, weil du für dich entdeckt hast, dass nur der frühe Vogel den Wurm fängt, aber es einfach nicht schaffst, dann tue Folgendes: Stehe jeden Tag nur zehn Minuten früher auf als normalerweise und halte dies durch. Die große Änderung wird kommen! Wenn du diese Technik anwendest, dann achte darauf, dass es sich um minimale Mengen handelt und die Wiederholung rhythmisch ist! Von den aktivierten fünf geistigen Kräften ist die Resonanz die Kraft, die die größten und erstaunlichsten Dinge bewirkt. Sie wird dein Leben grundlegend ändern.

Die meisten Menschen unterschätzen, was sie langfristig erreichen können!

Die Macht der Komprimierung

Du nimmst dir vor, den Garten auf Vordermann zu bringen, und stellst einen Plan auf: An den nächsten vier Sonntagen wirst du die notwendigen Arbeiten erledigen: Am ersten Sonntagvormittag wird der Schuppen aufgeräumt, am zweiten bekämpfst du wucherndes Unkraut. Am dritten Sonntagvormittag werden Hecken und Sträucher geschnitten, am vierten nimmst du alle restliche Kleinarbeiten in Angriff. Ein guter Plan, funktioniert auch prima. Es gibt ein Gesetz, das Folgendes besagt: Die Erledigung einer Arbeit füllt die ihr zur Verfügung gestellte Zeit immer völlig aus. Im erwähnten Beispiel hast du dir selbst als Erstes – bewusst oder unbewusst – einen Monat Zeit für deine Arbeit zur Verfügung gestellt. Danach hast du entschieden, die Arbeiten auf die vier Sonntage zu legen, weil solche Arbeit deiner Ansicht nach am besten an Sonntagen erledigt werden sollte. Dann hast du die Arbeit in vier Teile geteilt. Wir alle haben eine Neigung zur Weitschweifigkeit, insbesondere, wenn es um Aufgaben geht, die wir nicht so gerne mögen. Hätten wir uns zwei Wochen Zeit gegeben, dann hätten wir an Sonntag Nummer eins vormittags den Schuppen aufgeräumt und nachmittags Unkraut bekämpft. Am zweiten Sonntag hätten wir die beiden anderen Arbeiten erledigt. Hätten wir uns nur eine Woche Zeit gegeben, dann hätten wir den Samstag, an dem wir eigentlich auf dem Flohmarkt bummeln wollten, geopfert und an einem Wochenende alle vier Arbeiten erledigt. Wie schnell du etwas erledigst, hängt von dem Zeitrahmen ab, den du selbst wählst!

Was hast du bis jetzt getan? Du hast ein Jahresziel gewählt – sagen wir mal die Gehaltserhöhung von 500 Euro – und du bestätigst dies jeden Morgen und Abend, indem du deinen positiven Satz jeweils drei Mal sagst (Affirmation). Du stellst dir die verwirklichte Situation nach dem Aufsagen bildlich vor (Imagination). Du konkretisierst deine Absichten und handelst klar (Konkretisierung). Du wiederholst winzige Tätigkeiten rhythmisch, indem du sie jeden Tag ausführst (rhythmische Wiederholung).

Es wird ein Moment kommen – und darauf wirst du nicht lange warten müssen –, in dem du die Kehrseite der Medaille erkennst. Du hast einen Wunsch, der in ein Ziel verwandelt werden soll. Du möchtest etwas erreichen. Die große Frage lautet nun: Was wirst du dafür geben? Alles im Leben ist Austausch. Um zu bekommen, was du haben willst, musst du etwas geben oder etwas ganz Bestimmtes tun! Und in diesem großem Moment wird es dir plötzlich wie Schuppen von den Augen fallen: Du wirst genau wissen, was du tun musst, um die Gehaltserhöhung von 500 Euro zu bekommen! Dein Unterbewusstsein hat die anhaltenden Imaginationen verarbeitet und zeigt dir nun die Möglichkeit, wie du dein Ziel erreichen kannst. Und es wird eine Möglichkeit sein, die du auch umsetzen kannst. Entweder besitzt du die Fähigkeiten dazu bereits oder du wirst sie erlernen. Jetzt kommt die Technik der Komprimierung ins Spiel. Du musst sofort anfangen, die Möglichkeit zu verwirklichen, allerdings auf keinen Fall mit der oben beschriebene Methode der Weitschweifigkeit! Die Kraft der Komprimierung nutzen heißt, dass du alles beiseite schiebst, was nicht unbedingt getan werden muss und alle dir zur Verfügung stehende Zeit und Energie nutzt, um dein Ziel zu erreichen! Es ist nicht effizient, acht Monate lang über einem Buch zu sitzen, um den Inhalt zu lernen (jeden Sonntag fünf Seiten) oder jahrelang zu experimentieren, um deinen Umsatz zu verdoppeln. Sobald du erkannt hast, was zu tun ist, tue es mit gigantischer Wucht. Entferne hunderte von Aufgaben-Splittern aus deinem Leben und fange an, jede Woche einen Riesenschritt in Richtung Ziel zu machen. Schiebe die von dir selbst festgelegten Zeitrahmen, gewisse Sachen zu erledigen, bis aufs Äußerste zusammen: Schluss mit Schneckentempo! Jede Woche einen Riesenschritt nach vorn! Die durch die Technik der Komprimierung freigesetzte Kraft ist die geistige "Tragkraft".

So lange du noch nicht weißt, auf welchem Weg du dein Ziel erreichen kannst, kannst du die Kraft der zeitlichen Komprimierung einsetzen, indem du:

1) eine wichtige Aufgabe für die Woche auswählst,

2) ein Wochenziel für diese Aufgabe festlegst,

3) an jedem Arbeitstag alles erledigst, was unbedingt getan werden muss, und

4) den Rest deiner Arbeitszeit nur dieser einen Sache widmest

Eine große Hilfe ist es, in deinem Arbeitsraum irgendwo drei Ablagen übereinander zu stellen. Auf der oberen Ablage steht "Nächste Woche", auf der mittleren "Nächsten Monat" und auf der unteren "Nächstes Jahr". Sobald Briefe, E-Mails, Fax-Mitteilungen, Telefonnotizen, Zeitschriften oder Mitteilungen eintreffen oder gemacht werden, ordnest du alles, was nicht unbedingt in dieser Woche erledigt werden muss, in die drei Ablagen ein – alles! Den Rest arbeitest du am nächsten Tag oder – wenn nötig – noch am selben Tag ab.

Visualisierungsübungen

Übung 1: Wahrnehmen und fragen

Nehme ein Foto aus einer Zeitschrift und betrachte dieses genau. Nehmen wir einmal an, du hast ein Foto gewählt, auf dem ein Gebäude abgebildet ist. Jetzt stelle dir beim Betrachten dieses Bildes ständig Fragen wie:

Wie viele Fenster sind zu sehen?
Wie sind die Fenster unterteilt?
Ist das Dach flach oder schräg?
Steht der Schornstein rechts oder links?
Wie hoch ist der Schornstein ungefähr?

Stell dir die Fragen, die dir spontan beim Betrachten einfallen. Beantworte jede Frage sofort:

Laufen Menschen auf der Straße? Ja, rechts neben dem Gebäude läuft eine Frau mit einer Tasche in der Hand.

Welche Farbe hat ihr Mantel? Bordeauxrot.

Frage und antworte zwei bis vier Minuten lang, dann schließe deine Augen und schaue dir innerlich das Foto wieder an. Erinnere dich an die Fragen und Antworten. Du wirst sehen, dass das innere Bild dadurch ziemlich klar wird. Mache diese Übung jeden Tag ein Mal, zu einer Zeit, die dir passt. Nehme dir dafür jeden Tag einen anderen Gegenstand: Betrachte Bilder, Bäume, Dinge, Tiere, Menschen.

Setze, wann immer möglich, auch andere Sinne ein:

Ist der Kerzenständer kalt oder warm?
Kalt.

Wie schwer könnte die Kerze ungefähr sein?
200 Gramm vielleicht.

Ist die Oberfläche glatt oder rau?
Sie ist glatt, aber meine Finger gleiten nicht leicht darüber.

Die Wirkung dieser Übung ist erstaunlich. Deine Wahrnehmung wird sich verbessern und dadurch auch dein Gedächtnis. Aber auch deine Lebensfreude wird sich steigern. Nachdem du diese Übung über mehrere Wochen täglich gemacht hast, kannst du zu der folgenden Übung übergehen:

Übung 2: Visualisieren und imaginieren.

Setze dich entspannt an einen Tisch, stütze die Ellbogen ab und bedecke deine geschlossenen Augen sanft mit beiden Handflächen. Atme tief ein und langsam aus und sage im Geiste langsam das Wort "entspannen".

Die erste Stufe:
Erinnere dich an einfache Geschehnisse. Erwecke möglichst viele Details wieder zum Leben. Nach einer Woche machst du anstelle dieser die nächste Übung.

Die zweite Stufe:
Denke an eine Banane und warte, bis du sie siehst. Halte das Bild fest. Konzentriere dich dann auf "Tomate" und betrachte das erste vor deinem inneren Augen erscheinende Bild. Wechsle ab mit weiteren Gegenständen. Nach einer Woche gehst du stattdessen zur nächsten Übung über. Stell dir einen Bleistift vor, der langsam das Wort "Haus" schreibt. Halte eine zweistellige Zahl einige Minuten lang in deiner Vorstellung fest. Dann ein blaues Dreieck.

Die dritte Stufe:
Hast du die vorherige Übung einige Zeit probiert, dann übe deine anderen Sinne: Spüre Sand in deiner Hand, rieche frisch gebackene Brötchen, stell dir vor, du gehst eine Treppe hoch, und nimm jede Bewegung wahr, schmecke Apfelsaft in deinem Mund, stelle dir vor, das Ticken einer Uhr zu hören und lasse dabei kein Bild entstehen.

Die vierte Stufe:
Verwandle in deiner Vorstellung ein Bild in ein anderes Bild: Eine Eichel wird zur Eiche, eine alte Frau wird langsam wieder jung, ein Würfel wird zum Ball.

Die fünfte Stufe:
Bringe Bewegung in deine Bilder: Wellen, die am Ufer brechen; Menschen, die in einen Zug steigen.

Die letzte Stufe:
Führe Dreidimensionalität in deine Vorstellungen ein: Zoome einen Gegenstand an dich heran und betrachte seine Details aus nächster Nähe. Betrachte es danach aus der Ferne. Gehe um eine imaginäre Statue herum und schau sie dir von allen Seiten an. Laufe in einem imaginären Zimmer herum.

Wende keine Willenskraft auf, um ein Bild vor deinem geistigen Auge entstehen zu lassen. Im Gegenteil: Lasse es von selbst kommen. Wie bei allen Dingen wirst du auch hier durch Üben immer besser. Du kannst selbstverständlich die Übung 1 beibehalten, wenn du mit der zweiten Übung fortfährst, falls du das möchtest.

Übersicht 1

Technik	Aktivierte geistige Kraft	Ergebnis Wirkung
Affirmation	Konzentration	Orientierung Das gewählte Ziel wird zum dauerhaften Zentrum der Aufmerksamkeit
Imagination	Kreativität	Möglichkeit Der Weg zum Ziel wird klar. Möglichkeiten werden wahrgenommen
Konkretisierung	Stoßkraft	Effizienz Die Handlungen werden äußerst wirkungsvoll
Rhythmische Wiederholung	Resonanz	Durchbruch Jedes Hindernis wird überwunden
Komprimierung	Tragkraft	Fortschritt Schnelle Umsetzung der erforderlichen Schritte

II. Buch

Dein Weg zur neuen Wahrnehmung

Einleitung

Der Weg zum Erfolg ist der erste von fünf besonderen Wegen, die der Mensch gehen kann, um sein Leben grundlegend zu ändern. Der zweite Weg führt zur neuen Wahrnehmung und zur inneren Freiheit. In diesem Buch beschreibe ich acht einfache Techniken, die die Wahrnehmung und das Denken verfeinern. Im ersten Buch standen die Imagination und die fünf Elemente im Mittelpunkt. Die Grundlagen für eine neue Wahrnehmung und ein freies Handeln sind die Intuition und die Aktivierung von acht Seelenkräften, die in der Astrologie durch acht Planetensymbole dargestellt werden. Auch hier gilt, dass es nicht wichtig ist, ob du die esoterischen Zusammenhänge verstehst oder nicht. Die Techniken funktionieren auf jeden Fall.

Normalerweise ist unsere Wahrnehmung flach, weil wir als Erwachsene das Wahrgenommene in Kategorien einordnen. Unser Denken ist rigide, weil unser Verstand eine sich selbst erweiternde Erinnerungsoberfläche ist, die alle neuen Informationen in die schon bestehenden Strukturen einzuordnen versucht. Nur die Informationen, die problemlos eingeordnet werden können, werden bewusst wahrgenommen. Der große Rest bleibt "unterbewusst". Deshalb ist das, was wir für die Wirklichkeit halten, nur ein kleiner Ausschnitt der Realität. Das Besondere daran ist, dass dieser Ausschnitt eine Art Kopie vom Muster unseres Verstandes selbst ist. Der Verstand ordnet nur das ein, was ihm ähnlich ist und in seine Strukturen passt. Mit anderen Worten: Nicht unser Verstand passt sich der Wirklichkeit an, sondern er filtert die Wirklichkeit so lange, bis sie ihm gleicht. Wir sind also gefangen in den Strukturen unseres eigenen Verstandes. Mit diesem Bruchteil der Wirklichkeit lässt es sich aber längere Zeit gut leben. Die Welt ist bekannt und dadurch ziemlich sicher und vorhersagbar ... Leider gibt es irgendwann Probleme: Probleme, die größer und größer werden. Probleme, die der Verstand nicht lösen kann. Der Verstand kann sie nicht lösen, weil diese Lösungen außerhalb seines Wirkungskreises liegen: Sie liegen in dem von ihm herausgefilterten Bereich. Um nun die Lösungen zu finden, die der Verstand nicht erkennen kann, müssen wir unsere Wahrnehmung verfeinern und unser Denken umformen. Die alten festen Strukturen müssen teilweise aufgelöst werden. An deren Stelle soll eine neue elastische Struktur, die jederzeit die spontane Bildung neuer Muster erlaubt, entstehen. Schaffen wir das, dann besitzen wir einen adaptiven, undogmatischen Verstand, der intuitive Wahrnehmungen, Gedanken und Handlungen (spontane Bildung neuer Muster) jederzeit ermöglicht. Die folgenden Techniken aktivieren die acht Seelenkräfte:

Vier davon verfeinern die Wahrnehmung:

1) Die erste Technik führt zur Wahrnehmung kleinster Details.
2) Durch die zweite Technik kommst du in Kontakt mit dem Objekt deiner Wahrnehmung selbst, statt nur in Kontakt mit deiner eigenen Kategorie zu sein.
3) Die dritte Technik macht dir die Wirkung des Objekts bewusst.
4) Durch die vierte Technik erkennst du das Wesen des von dir gewählten Objekts. Die Wahrnehmungen, die durch diese Übung entstehen, sind stark intuitiv: Entdeckungen, Lösungen, unbekannte Eigenschaften, völlig neue Blickwinkel tauchen wie Blitze in deinem Bewusstsein auf. Das Objekt deiner Wahrnehmung kann sowohl ein physischer Gegenstand als auch ein mentales Gebilde sein. Deshalb ist diese Methode auch geeignet, um die Ursache von Problemen zu finden.

Vier weitere Techniken bewirken die innere Freiheit:

5) Die fünfte Technik heißt "Schmetterlingspunkt". Obwohl sie einfach ist, beendet sie die lähmende Macht alter Muster schnell und effektiv.
6) Wendest du die sechste Technik auf ein Problem oder eine Frage an, dann tauchen die Lösungen beziehungsweise die Antworten innerhalb von wenigen Tagen in deiner Umgebung auf.
7) Die siebte Technik befreit dich vom unerwünschten Einfluss anderer Menschen.
8) Die achte Technik ist eine Art Kombination von Brainstorming und dem alchemistischen Prinzip der Veredlung. Durch sie erkennst du die Idealform einer Sache. Diese Methode ist auch geeignet, völlig neue Lösungen zu finden.

Die Technik der Separation

Kommt dir die folgende Situation bekannt vor? Du fährst mit deinem Auto eine Strecke, die du gut kennst und denkst über eine für dich wichtige Sache nach. Du spielst in Gedanken verschiedene Szenen durch und grübelst längere Zeit ergebnislos. Auf einmal siehst du ein Abfahrtsschild. Durch den Namen auf diesem Schild wird dir klar, wo du genau bist. "Was ... bin ich schon hier? Bin ich schon so weit?" Du bist eine längere Zeit gefahren, ohne deine Umgebung bewusst wahrgenommen zu haben. Wir Menschen sind bekanntermaßen in der Lage, Aufgaben zu verrichten, ohne bewusst bei der Sache zu sein. Wir haben manche Aufgaben schon so oft erledigt, dass die erforderlichen Handlungen völlig automatisiert ablaufen können. Während wir tätig sind, können wir unsere Aufmerksamkeit auf ganz andere Dinge richten. Um Kartoffeln zu schälen, brauchst du nicht sehr wach zu sein. Du schaffst das möglicherweise mit nur fünf Prozent Aufmerksamkeit. Wie viel Prozent Aufmerksamkeit ist da, wenn du ein dir bisher unbekanntes Gemälde betrachtest, das dein Interesse geweckt hat? 100 Prozent? Leider nicht. Der Zustand, den wir als Erwachsene gemeinhin als wach bezeichnen, unterscheidet sich zwar deutlich von der Kartoffelschäl-Trance, kommt aber dennoch nicht mehr als einer zehnprozentigen Geistesgegenwart gleich: Unsere übliche Wachheit ist immer noch eine Art Dämmerzustand im Vergleich zum möglichen Grad des Bewusstseins. Um die Aufmerksamkeit beim Kartoffelschälen auf rund 20 Prozent zu steigern, müsstest du dich in die Finger schneiden. Wenn die ersten Tropfen Blut erscheinen, dann bist du für einige Sekunden wirklich hier. Schuld an unserem schlafähnlichen Wachzustand ist die Tatsache, dass wir das Wahrgenommene als Erwachsene in Kategorien einordnen. Bei einem Kind ist dies nicht der Fall. Diese Erkenntnis allein ändert an der Situation

Illustration 1

natürlich überhaupt nichts. Es gibt aber eine äußerst einfache Technik, die verhindert, dass das Wahrgenommene in Kategorien eingeordnet wird. Wendest du diese Technik über den Tag verteilt an, wird sich deine Wahrnehmung schon bald deutlich ändern. Dabei wirst du das Gefühl bekommen, ein Stück verloren gegangenes Glück deiner Kindheit wieder gefunden zu haben.

Mache jetzt bitte die folgende Übung: Schaue dir die Bilder in Illustration 1 an, nimm einen Zettel und schreibe mit so wenigen Worten wie möglich auf, welche vier Dinge du dort siehst (bitte nicht weiterlesen).

Illustration 2

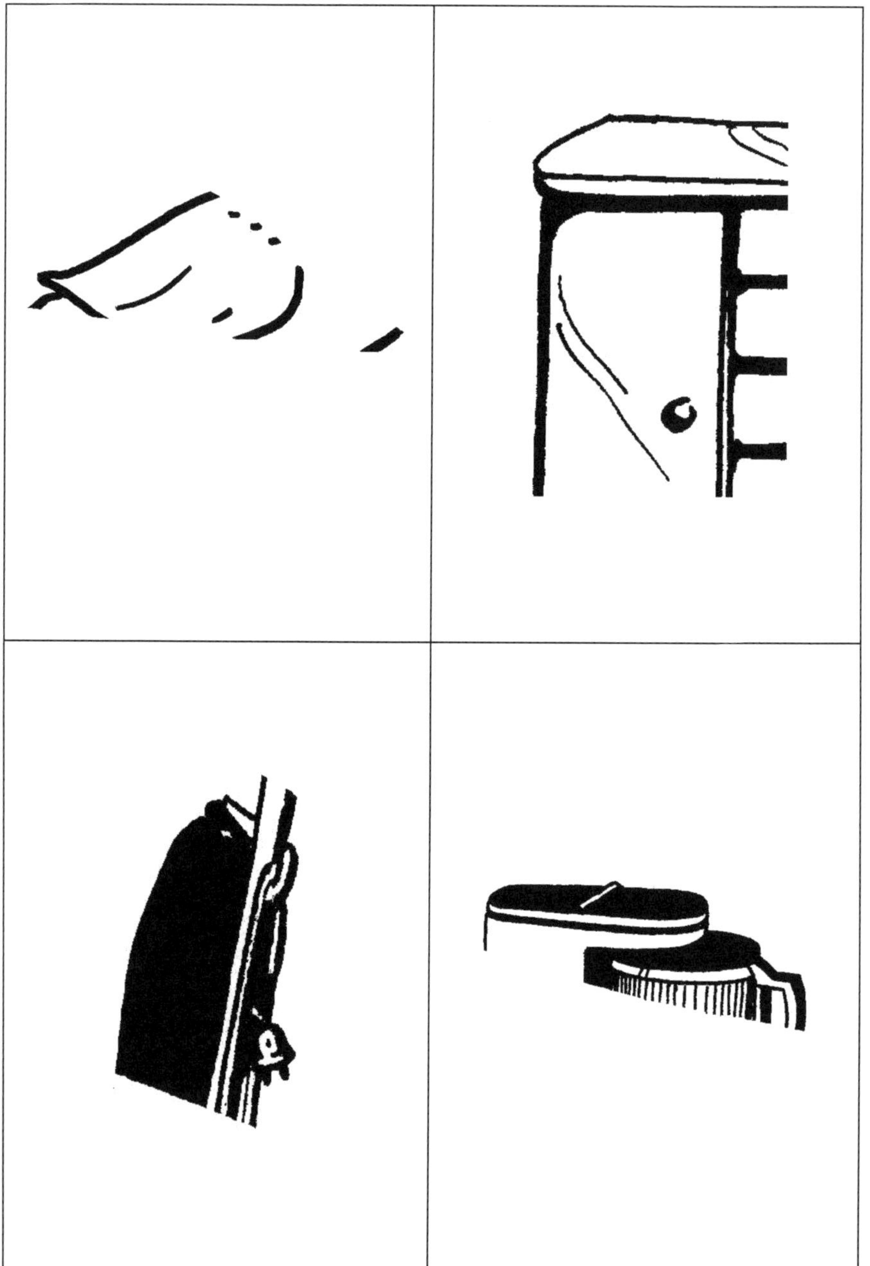

Wie viele Wörter hast du gebraucht? Vier? Das genügt ja auch: Staubsauger, Kaffeemaschine, Gans, Kommode. Würdest du jemandem erzählen, dass du auf dieser Seite einen Staubsauger, eine Kaffeemaschine, eine Gans und eine Kommode gesehen hast, dann hat diese Person ein Bild davon, was du wahrgenommen hast. Sie wird mit dieser Beschreibung zufrieden sein und glauben, so ungefähr zu wissen, was du gesehen hast. Auch du selbst bist der Meinung, ziemlich genau zu wissen, was du gesehen hast.

Mache jetzt bitte die folgende Übung: Schaue dir die Bilder in Illustration 2 an, nimm deinen Zettel und schreibe – wieder mit so wenig Worten wie möglich – auf, welche vier Dinge du dort siehst. Die Beschreibung soll so sein, dass sich eine andere Person beim Lesen deiner Worte ein Bild davon machen kann, was du genau gesehen hast (bitte nicht weiterlesen).

Illustration 3

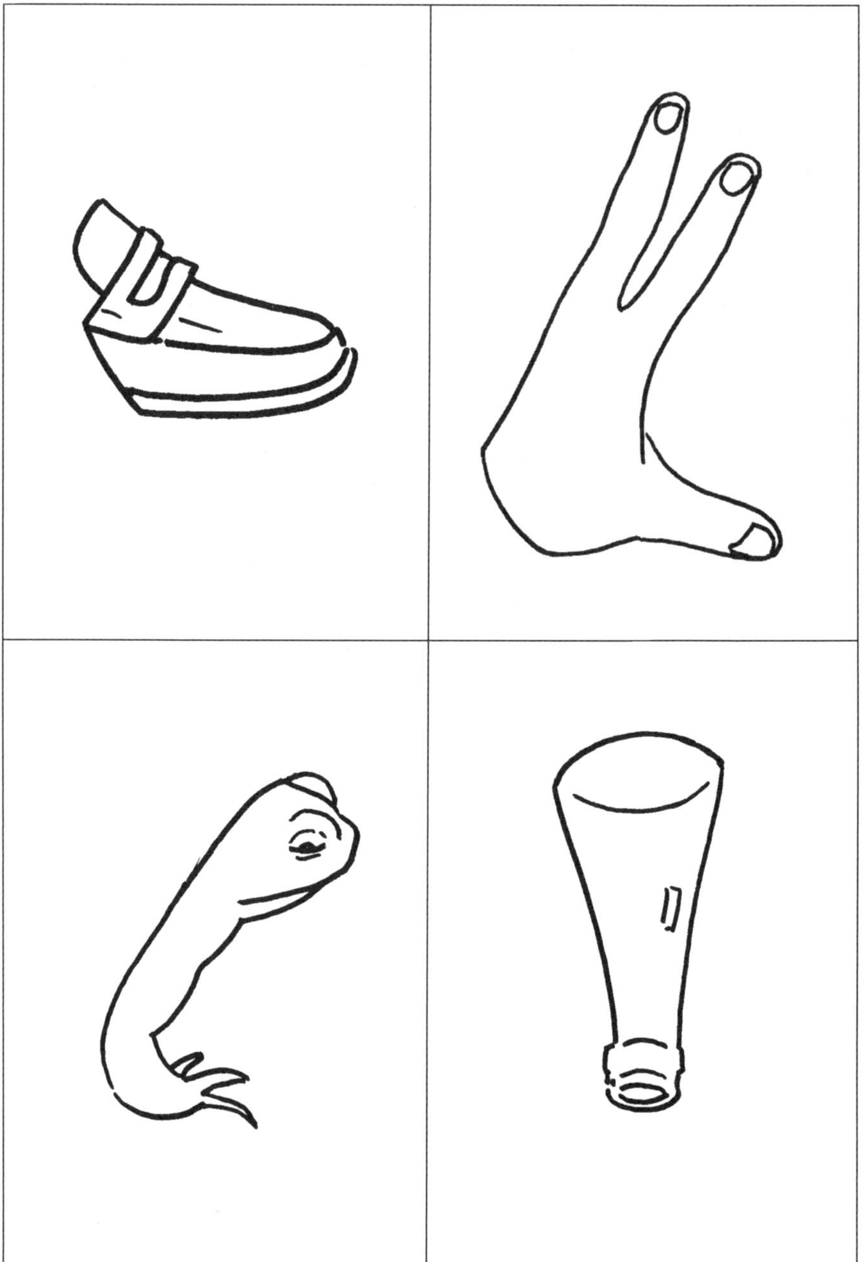

Wie viele Wörter hast du diesmal benutzt? 30? 150? Gegenstände, Lebewesen, Stoffe, Zustände: Sie alle lassen sich problemlos in eine Kategorie einordnen – wenn sie einen NAMEN haben. Betrachtest du ein Objekt, dann teilst du es durch die Anwendung deiner Kategorien für gewöhnlich in Teilobjekte auf: Ein Stuhl besteht aus vier Beinen, einer Sitzfläche und einer Rückenlehne. Du nimmst an einem Objekt das wahr, wofür du Namen hast. Schaust du dir aber den Teil eines Objektes an, der KEIN funktionelles Teil vom Ganzen ist, dann hat dieser Teil keinen Namen. Demzufolge kannst du ihn auch nicht in eine Kategorie einordnen. Du hast etwas höchst Ungewöhnliches vor dir und kannst dich mit Recht fragen: Was ist das überhaupt? Es ist ein unbekanntes Etwas ohne Namen und du brauchst viele Wörter für seine Beschreibung, wenn du jemandem mitteilen willst, was du gesehen hast. Die Tatsache, dass du nicht in der Lage bist, einen nicht-funktionellen Teil zu benennen und dadurch in eine Kategorie einzuordnen, wird angewandt in der Technik der Separation: Betrachte ein Objekt und teile es gedanklich mit einem Schnitt in zwei Teile. Wähle eines dieser beiden Teile und stelle dir vor, dass es tatsächlich losgelöst ist. Schaue dir nun abwechselnd den wirklichen Teil und den vorgestellten losgelösten Teil an. Untersuche dabei die Details und stelle dir dabei die Frage: "Was ist das überhaupt?" Erforsche auf diese Weise den "abgeschnittenen" Teil, bis du dir ein detailliertes Bild davon gemacht hast. Teile zum Beispiel gedanklich deine Hand in zwei Abschnitte wie in Illustration 3. Was ist das für ein Ding mit zwei Fingern? Schaue genau hin. Was ist das? Wie würde dieser Teil aussehen, wenn er wirklich abgetrennt wäre? Teile eine Flasche gedanklich horizontal. Betrachte den oberen Teil. Was ist das? Wie könnte dieses Teil genau aussehen? Mache diese Übung täglich, immer wenn es dir einfällt und du Zeit dafür hast. Deine Wahrnehmung wird sich dadurch rasch verfeinern: Schon bald wirst du mühelos

Details und Besonderheiten wahrnehmen, die dir viele Jahre lang völlig entgangen sind. Auch werden dir häufiger spontan Namen für Gegenstände einfallen, die viel treffender sind als unsere teilweise sehr phrasenhaften Ausdrücke aus dem Wörterbuch.

Illustration 4

Die Collage-Technik

Das Spiel in Illustration 4 kennst du wahrscheinlich. Es heißt TANGRAM und stammt aus China. Dieses geniale Spiel besteht aus sieben Dreiecken. Ziel ist es, bestimmte Figuren, von denen du nur die Silhouette kennst, zu legen. Auch kannst du einen Gegenstand oder ein Lebewesen frei wählen und anschließend versuchen, es aus den sieben Teilen zu konstruieren. Oder du kannst mit dem Material herumspielen, bis irgendwann spontan eine erkennbare Figur entstanden ist. Es ist absolut erstaunlich, dass man aus diesen einfachen geometrischen Figuren eine schier endlose Zahl von Kreaturen und Gegenständen legen kann. Die zweite Technik ähnelt dem Schieben und dem Zusammenlegen der sieben Tangram-Elemente. Wenn du durch die Anwendung der ersten Technik nach einiger Zeit bemerkst, dass du die Dinge dieser Welt klar und detailliert wahrnehmen kannst, fängst du beim Betrachten eines Gegenstandes an, die fiktiv abgetrennten Teile zu verschieben. Bei einer Rose könntest du dir beispielsweise vorstellen, dass die Blüte nicht oben, sondern im mittleren Bereich seitlich des Stiels sitzt. Oder male dir aus, bei einem Menschen säßen die Ohren an jener Stelle, an der üblicherweise die Augen sitzen. Frage dich – während du schaust – wie das wirken würde. Und frage dich: "Was ist das?"

Teile einen Gegenstand beim Betrachten gedanklich in Stücke und setze diese Stücke nach und nach an eine andere Stelle, Teil A an Teil B, danach vielleicht A an C, dann A an D, dann eventuell B an D ... Drehe ein Teil, bevor du es an einer Stelle "festklebst", oder setze es falsch herum daran. Vergrößere oder verkleinere ein Element. Es ist ein Spiel: Mach, was dir einfällt, halte dich nicht stur an bestimmte Folgen oder Regeln. Dann beginne, die Gegenstände gedanklich zu verbiegen, zu verformen. Es ist

Illustration 5

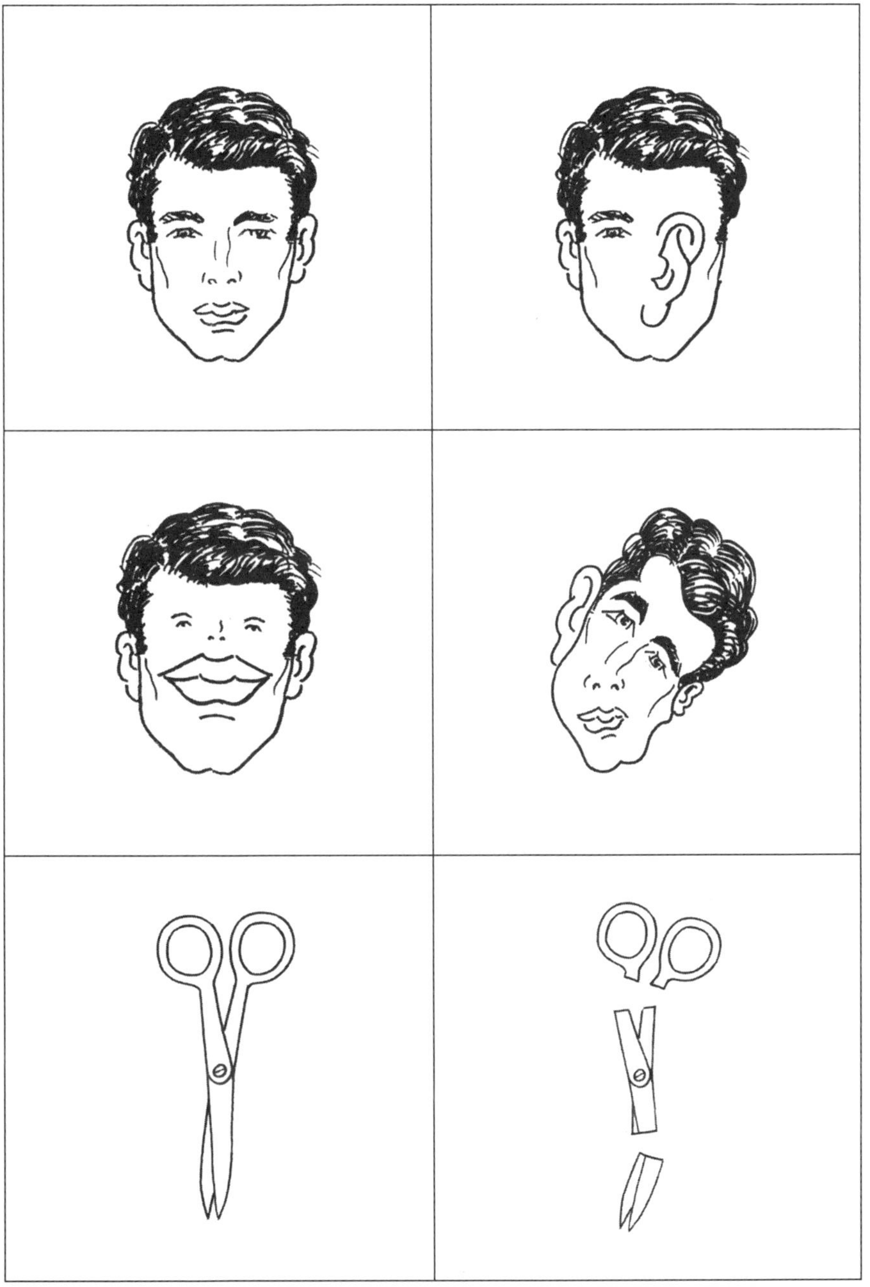

wie das Herstellen einer Collage: Teile werden verschoben oder gedreht. Große Beine werden an einen kleinen Körper geklebt. Eine Frau bekommt einen Schnurrbart. Das ist Kunst, angewandt auf die Objekte der Wahrnehmung, statt angewandt auf die Objekte auf einer Leinwand. Die Kubisten waren jene Künstler, die diese besondere Fähigkeit des Bewusstseins entdeckten und zum Ausdruck brachten. Die Technik der Separation bewirkt, dass dein Verstand seine bestehenden Muster nicht mehr anwenden kann. Durch die Collage-Technik werden dir die Beziehungen der Teile zueinander bewusst. Du bist jetzt in Kontakt mit dem Gegenstand selbst. Diese Technik bewirkt weiter, dass du ein Gespür dafür entwickelst, ob sich etwas an der richtigen Stelle befindet oder nicht. Für jeden Gegenstand in einem Raum gibt es einen richtigen Platz und Hunderte von falschen Plätzen.

Die Technik der Dynamisierung

Teile ein Objekt gedanklich in Stücke und untersuche diese getrennten Elemente. Wende dann die Collage-Technik an, indem du die Teile an andere Stellen schiebst, sie drehst, vergrößerst oder verkleinerst, sie biegst und verformst. Jetzt wende dich wieder dem Objekt als Ganzem zu und mache dich auf die Suche nach Kontrasten und Gegensätzen:

Farbkontraste: Gelb – Violett, Grün – Rot, Orange – Blau. Helle Farben – dunkle Farben. Klare Farben – trübe Farben. Zarte Farben – kräftige Farben. Stelle fest, welche Muster die grünlichen Farbtöne für sich bilden, wenn es sich um vielfarbige Objekte handelt. Betrachte dann die Muster der rötlichen, der gelblichen, der bläulichen Farben und die der Erdtöne.
Formkontraste: Offen und geschlossen, rund und spitz beziehungsweise eckig, gebogen und gerade, schlank und dick, lang und breit, fließend und zackig oder ungleichmäßig, kräftig und zart. Beachte auch die Formen der Zwischenräume: Achte bei der Schere auf der nebenstehenden Zeichnung beispielsweise auf die Form des Raumes zwischen den beiden Ösen.
Bewegungskontraste: Ziehe im Geiste mit einem Finger oder der ganzen Hand die Formen der Teile nach. Spüre die Oberfläche des Objektes in deiner Vorstellung. Danach in Wirklichkeit, wenn es die Umstände erlauben. Wechsele die Bewegungen deiner Handfläche oder deiner Finger, die die Formen nachvollziehen, immer wieder ab: real – fiktiv, in Wirklichkeit – in der Vorstellung ... Stelle dabei Kontraste, etwa Widerstand und Leichtigkeit, Ausstrahlung und Festigkeit, Kurven und Geraden, fest.

Stelle dir vor, du modellierst das Objekt aus einem Stück Material. Beim Beispiel der Schere würdest du mit einem

Illustration 6

Finger die Löcher für die Ösen hineinformen. Danach würdest du die Spitze flach drücken, bis sie die Form eines Messers hat. Spüre wie hart und stechend die Spitze und wie sanft und aufnehmend die Ösen sind. Bei der Technik der Dynamisierung geht es darum, die vorhandenen Kontraste und die Modellierung eines Objekts zu erforschen. Wende auch diese Technik täglich einige Male an, indem du von den verschiedensten Dingen deren Kontraste, Gegensätze und Modellierungen ermittelst. Nach einiger Übungszeit spürst du, dass die inhärenten Spannungs- und Bewegungsmuster der Dinge um dich herum in dir eine Art Resonanz hervorrufen. Du fängst an, die Gegenstände deiner Umwelt nicht nur detailliert und raumrelativ, sondern auch energiespezifisch wahrzunehmen.

Die Technik der paradoxen Frage

Das Wesen der Dinge dieser Welt ist unsichtbar, verborgen. Um es wahrnehmen zu können, müssen wir die normalen Wege des Verstandes verlassen und uns in paradoxe Regionen wagen. Die vierte Technik, die du jetzt kennen lernen wirst, ist paradox. Es ist für uns unmöglich, das Wesen der Dinge wahrzunehmen und doch können wir es wahrnehmen. Wie kann das sein?

Der Verstand nimmt nur das wahr, was seinen eigenen Strukturen entspricht. Das Wesen der Dinge liegt außerhalb seiner Strukturen. Also kann der Verstand das Wesen der Dinge nicht wahrnehmen.

Wenn ich versuche, das Wesen der Dinge wahrzunehmen, benutze ich meinen Verstand. Wenn ich meinen Verstand benutze, kann ich das Wesen der Dinge nicht sehen. Kann ich meinen Verstand benutzen und trotzdem das Wesen der Dinge sehen? Nein!

Solange ich die Strukturen des Verstandes nutze, kann ich es nicht sehen.
Kann ich die Strukturen des Verstandes ausschalten? Nein! Denn dafür müsste ich meinen Verstand benutzen. Und der Verstand kann seine eigenen Strukturen nicht ausschalten, denn der Verstand besteht nur aus seinen eigenen Strukturen. Eine Struktur kann nicht gleichzeitig sein und nicht sein.

Gibt es überhaupt eine Lösung? Ja. Nur etwas, was außerhalb der Struktur liegt, kann die Struktur ausschalten. Ein Beispiel: Der Mond selbst kann die Nacht nicht beenden. Das kann nur die Sonne. Dieses Etwas ist die Intuition. Wie können wir veranlassen, dass die Sonne (die Intuition) die Nacht des Mondes (des Verstandes) beendet?

Was müssen wir tun, um einen Gegenstand nicht mit dem Auge des Verstandes, sondern mit dem Auge der Intuition wahrzunehmen? Wir stellen uns eine paradoxe Frage, um das Wesen der Dinge wahrzunehmen:

Kann meine Intuition das Wesen der Dinge sehen? Meine Intuition, nicht ich.

In Illustration 7 sind die fünf Vokale in großer Schrift abgebildet. Um das Wesen dieser fünf Buchstaben zu erkennen, mache jetzt bitte folgende Übung: Setze dich entspannt hin und schaue dir die fünf Vokale unseres Alphabets an. Nehme dir für jeden der folgenden Schritte mindestens fünf Minuten Zeit: Benutze die Technik der Separation und teile die fünf Buchstaben in Stücke. Benutze die Collage-Technik und verschiebe, spiegele, drehe die Teile. Benutze die Technik der Dynamisierung und erforsche die Kontraste und Raummodellierungen. Jetzt kommt die Technik der paradoxen Frage: Schließe deine Augen und atme langsam aus. Sage sehr langsam das Wort "entspannen". Stelle dir langsam drei Mal hintereinander die paradoxe Frage: "Kann meine Intuition das Wesen dieser Buchstaben sehen? Meine Intuition, nicht ich." Öffne danach deine Augen, aber nicht ganz: Schaue dir die Buchstaben mit "schläfrigen Augen" an. Gucke nach dem Bild der Buchstaben. Lass deine Augen entspannt von Teil zu Teil, von Buchstabe zu Buchstabe gleiten. Denke nicht, analysiere nicht, gucke und warte ab. Vielleicht klappt es nicht beim ersten Mal. Wiederhole die Übung häufiger. Irgendwann wird es dir wie Schuppen von den Augen fallen: Die fünf Buchstaben stellen noch etwas anderes dar! Und das ist ihr Wesen.

Übe diese vierte Technik auch an anderen Dingen: Schaue dir ein Gemälde an, führe die ersten drei Techniken durch und stelle dir dann die paradoxe Frage.

Illustration 7

AEIOU

Auch Probleme lassen sich auf diese Weise lösen: Nimm ein Blatt Papier und notiere dann Stichwörter und kurze Sätze, die mit dem Problem zu tun haben. Sammle viele Informationen und extrahiere die wichtigsten Wörter und Gedanken. Das ist die Technik der Separation. Schiebe die Wörter in Gedanken an andere Stellen (zwischen andere Wörter) auf dem Papier und schaue, wie sie dort agieren. Ändere Wörter, indem du sie übertreibst (vergrößerst): Ein unfreundliches Wort wird zur groben Beleidigung, ein Brief wird zum Wälzer. Verkehre Wörter oder Sätze in ihr Gegenteil: Ein Problem ist eigentlich die Lösung, ein böser Nachbar wird zum Kumpel. Das ist die Anwendung der Collage-Technik. Suche Gegensätze und schaue, welche Ursachen und Wirkungen mit den notierten Gedanken zusammenhängen. Das ist die Technik der Dynamisierung. Wende zuletzt die Technik der paradoxen Frage an: Entspanne dich, stelle dir die Frage und lasse dann deinen Blick ruhig über das Papier gleiten und die verschiedene Aussagen darauf auf dich wirken. Du wirst durch die Augen der Intuition das Wesen des Problems sehen. Diese dir völlig neue Sichtweise kann den Weg zu einer Lösung frei machen.

Die Schmetterlingspunkt-Technik

Stelle dir vor, du sitzt in einem Zug auf dem Weg nach Rom. Die Reise dauert lange. Unterwegs liest du eine Zeitschrift, plauderst mit deinem Nachbarn, guckst dir die Landschaft durchs Fenster an, trinkst zwischendurch eine Tasse Kaffee und isst ein Brötchen. Irgendwann kommst du an, dann steigst du aus und bist in Rom, genau dort, wo du die ganze Zeit hingefahren bist. Du wolltest nach Rom und bist auch in Rom angekommen. Wunderbar. Aber was wäre passiert, wenn dir unterwegs der Gedanken gekommen wäre, dass du eigentlich gar nicht nach Rom, sondern viel lieber nach Athen reisen würdest? Du hättest am Bahnhof X umsteigen müssen in Zug Y. Und mit dem Schaffner hättest du vermutlich viel Ärger bekommen. Er hätte dir erklärt, dass du mit der Fahrkarte nur nach Rom fahren kannst und nicht nach Athen, weil deine Fahrkarte schließlich auf dein ursprüngliches Fahrtziel ausgestellt wurde. Er hätte versucht, dich davon abzuhalten, umsteigen zu wollen und dir gedroht, dass dich diese Entscheidung eine Menge Geld kosten würde. Vielleicht hätte er dir deine Fahrkarte noch mal vor die Nase gehalten und gebrüllt: "Nun, was steht da darauf? Rom ... ROM ... ROM!!!"

Der Zug ist dein Leben. Die Richtung Rom ist die Richtung, in die dein Leben sich momentan entwickelt. Der Schaffner ist dein Verstand. Und die Bahnhöfe sind die SCHMETTERLINGSPUNKTE: Punkte, an denen sich dein Leben in zwei Möglichkeiten aufspaltet: weiterfahren oder die Richtung wechseln. Aus der Chaos-Theorie ist dir vielleicht die folgende Aussage bekannt: Der Flügelschlag eines Schmetterlings in Tokio kann in New York einen Wirbelsturm auslösen. Vergleichbar ist diese Aussage mit dem Bild von einem kleinen Jungen, der hoch auf dem Berg ein winziges Steinchen hinunterwirft. Das Steinchen bringt ein weiteres Steinchen ins Rollen ... und schließlich rast eine ganze Lawine auf das Dorf im Tal zu. Ein Schmetterlingspunkt ist ein Punkt in deinem Leben, an dem du durch eine winzige Handlung den Lauf deines Lebens völlig ändern kannst. Und dass du diese winzige Handlung nicht ausführst, liegt nur daran, dass es den Schaffner gibt. Er wird mit aller ihm zur Verfügung stehenden Kraft versuchen, dich von deinem Vorhaben abzuhalten. Wie stark der Schaffner – die Struktur deines Verstandes – ist, wirst du noch feststellen können.

Wir wollen aber nicht gleich unserem ganzen Leben eine neue Richtung geben, beginnen wir einfach mit dem nächsten Tag. Überlege bitte, welchen Schmetterlingspunkt es am nächsten Tag geben könnte. Finde heraus, welche winzige Handlung – wenn du sie diesmal anders ausführst als gewöhnlich – eine große Auswirkung auf den Verlauf des Tages haben wird. Sei dir bewusst, dass die Entscheidung, die andere Möglichkeit zu wählen, in einer Sekunde getroffen wird: Eine Sekunde nur und das Steinchen rollt. Es kann wirklich alles sein:

Mit dem Fahrrad zur Arbeit statt mit dem Auto ...
Ein bestimmtes Telefongespräch ...
Etwas NICHT kaufen ...

Leider wird es aber nur ein paar Tage lang funktionieren: Es gibt ja die Macht der Gewohnheit. Denke einmal an die vielen gescheiterten Neujahrsvorsätze. Um diese selbst erhaltende Kraft deiner Verstandesstrukturen zu besiegen, gibt es eine einfache, aber sehr wirksame Methode: Es ist der Gebrauch des Wortes "Schmetterlingspunkt". Nehmen wir an, du hast festgestellt, dass das frühere Aufstehen als gewöhnlich für dich ein Schmetterlingspunkt ist, der dem ganzen Tag eine neue Färbung geben kann. Du stellst den Wecker und schläfst ein. Der Wecker klingelt viel früher als in den vergangenen Tagen und du drückst den Knopf hinunter. Du willst dich umdrehen, um weiterzuschlafen, aber erinnerst dich daran, dass du eigentlich aufstehen wolltest. Jetzt versuchst du aufzustehen, schaffst es aber nicht: Du bleibst liegen. In diesem Moment gibt es zwei Kräfte in dir: Eine Kraft möchte die Muskeln bewegen, eine andere Kraft verhindert dies. Wenn du bemerkst, dass du wirklich nicht aufstehen kannst, dann wiederholst du das Wort "Schmetterlingspunkt" im Geiste – so lange, bis du aufstehen kannst. Es kann sein, dass du für kurze Zeit wieder einschläfst (die alte Struktur enthält viele Methoden, etwas zu verhindern). Sobald du wieder wach bist, wiederholst du das Wort. Irgendwann wirst du ganz plötzlich mühelos aufstehen können. Wende diese Technik bei Schmetterlingspunkten an, bei denen der Widerstand alter Muster gewaltig ist. Die Schmetterlingspunkt-Technik umfasst drei Punkte:

1) Lege täglich für den nächsten Tag einen Punkt fest, an dem du die andere Möglichkeit realisieren möchtest.

2) Wiederhole bei extremem Widerstand das Wort "Schmetterlingspunkt" so lange, bis die hemmende Energie neutralisiert ist.

3) Beginne nach einem Monat Schmetterlingspunkte zu suchen, die nicht nur den nächsten Tag, sondern dein Leben selbst in eine für dich wünschenswerte Richtung lenken werden.

Gehe die Sache ruhig an – und übertreibe nicht.

Die Himalaja-Technik

Du sitzt auf einer Bergwiese im Himalaja und schaust von diesem erhabenen Standpunkt aus auf das Tal hinunter. Du siehst weit und breit nur Natur. Außer dem winzigen Dorf am Fluss gibt es nur Felder und Wälder, wohin du auch schaust. Ein bestimmter Wald interessiert dich und du entscheidest dich, dorthin zu laufen. Nach zwei anstrengenden Stunden bergab gelangst du in den Wald. Hier gibt es verschiedene Baumarten, Gräser und Gestrüpp. Kleine Säugetiere, Vögel und Insekten bevölkern diesen Ort. Ein bestimmter Baum interessiert dich und du entscheidest dich, dorthin zu gehen. Beim Baum angekommen, schaust du dir die vielen Äste und Zweige an. Auf einem dünnen Ast hoch oben im Baum läuft ein kleines Tier. Ameisen wandern den Stamm hinauf. Ein bestimmter Ast interessiert dich und du entscheidest dich, dorthin zu klettern. Dort angekommen, siehst du die Zweige, die aus dem Ast wachsen und die Blätter an den Enden der Zweige. Ein bestimmtes Blatt ...

Eine fast unendliche Geschichte, wenn wir unendlich klein werden könnten.

Schaust du dir in dieser Welt etwas an, dann ist dieses etwas immer:
1) Ein Teil von etwas Größerem.
2) Es selbst, ein Ganzes.
3) Eine Ansammlung von Teilen.

Ein Wald ist er selbst, ein Ganzes. Nach unten hin besteht er unter anderem aus Bäumen, die wiederum unter anderem aus Ästen bestehen. Die Äste bestehen unter anderem aus Zweigen, und so weiter ... Nach oben hin bildet der Wald einen Teil vom Tal, dieses bildet einen Teil vom Himalaja, der wiederum Teil einer größeren Landschaft

Illustration 8

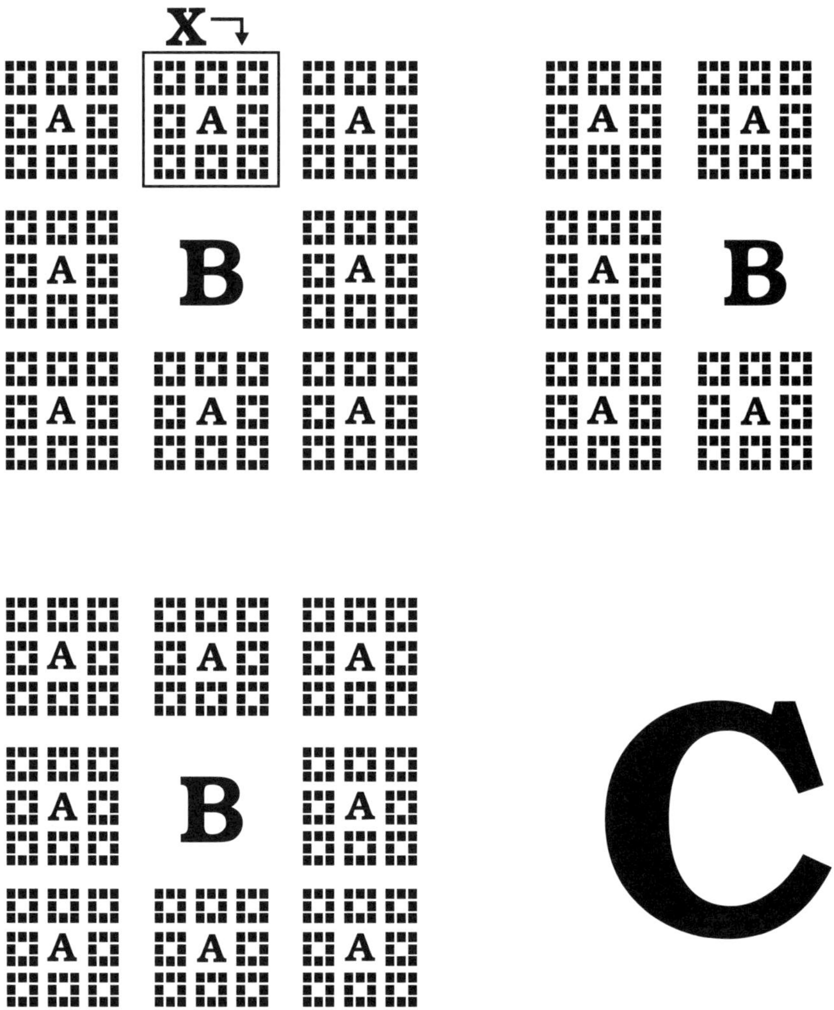

mit eigenem Klima ist, und so weiter ... Für jedes Teil in dieser Kette gilt, dass es ein Ganzes ist, selbst einen Teil von etwas Größerem darstellt und schließlich selbst wieder aus Teilen besteht. In Illustration 8 ist diese Kette dargestellt. Jedes Element X in dieser Kette existiert auf den drei Ebenen A, B und C.

Auf der Ebene B ist X es selbst: Ein Element.
Auf der Ebene C ist X Baustein eines Elements.
Auf der Ebene A ist X die Umgebung eines Elements.

Das Merkwürdige ist, dass:

1) jede Ebene gleichzeitig eine A-, B- und C-Ebene ist;

2) auf jeder Ebene B sich viele Elemente befinden, die sich ähnlich sind, weil sie aus ähnlichen Teilen bestehen.

3) die Ebene C die Umwelt der Elemente auf den Ebenen B formt.

Du selbst erfährst dich in dieser Welt als Körper. Dein Körper besteht aus Organen. Die Organe bestehen aus Zellen und so weiter. Deine Leber ist ein bestimmtes Organ in einer Welt voller ähnlicher Organe, die alle aus gleichartigen Teilchen bestehen: den Zellen. Nehmen wir an, die Leber hätte ein Bewusstsein und könnte denken. Dann würde sie ihr Dasein vielleicht so definieren: In meiner Welt um mich herum gibt es Wesen so wie mich; wir alle bestehen aus Zellen und leben in derselben Welt, in der jeder von uns einen bestimmten Job macht. Ihre Welt um sich herum als Ganzes kennt sie nicht. Auch versteht sie wahrscheinlich nicht, dass sie eine besondere Beziehung zu den Organen um sich herum hat und dass es eine Wechselwirkung zwischen ihr und ihren Mit-Organen gibt. Würde ein anderes Organ krank werden, hätte das eine Auswirkung auf den Körper: Der Körper würde krank. Und das wiederum hätte Auswirkungen auf die Leber. Jetzt kommen wir zu den Kernaussagen, die wichtig sind, um zu verstehen, warum die sechste Technik funktioniert:

1) Die Beziehung, die ein Element X auf seiner Ebene B zu den Elementen der Ebene A hat, ist von körperlicher Art, weil diese Elemente die Bausteine der Welt sind, in der es lebt.

2) Die Beziehung, die ein Element X auf seiner Ebene B zu den anderen Elementen dieser Ebene hat, ist von seelischer Art, weil alle auf dieser Ebene sie SELBST sind.

3) Die Beziehung, die ein Element X auf seiner Ebene B zu den Elementen auf der übergeordneten Ebene hat, ist von geistiger Art, weil es selbst ein Baustein dieser höheren Welt ist.

4) Die Elemente der übergeordneten Ebene können in der Welt, in der das Element X lebt, Ereignisse hervorrufen, die für dieses Element völlig unerklärlich sind, weil es die Zusammenhänge nicht verstehen kann. Für das betroffene Element sind diese Ereignisse geistiger Natur. Es nennt sie Wunder und Zufall.

5) Jedes Element ist gleichzeitig sowohl Seele als auch Geist und Körper. Das ist nur eine Frage der Perspektive.

Die sechste Technik ist eine Technik, um Antworten aus der Umgebung zu erhalten, wenn man auf der Suche nach der Lösung eines Problems ist. Sie funktioniert aufgrund der oben geschilderten Beziehungen zwischen den Ebenen.

1) Befasse dich abends einige Stunden intensiv mit deinem Problem.

2) Tue am nächsten Tag bewusst etwas für deine Umgebung – auch, wenn es noch so wenig ist: Hebe drei Glasscherben auf, die auf dem Gehweg liegen. Oder gib einem Bettler 50 Cent. Oder richte nette Worte an einen Menschen, der es gebrauchen kann. Nur eine kleine Sache, das reicht.

3) Achte an diesem Tag und den nächsten beiden Tagen auf Reaktionen aus deiner Umgebung. Sie werden kommen, schneller als du erwartest. Sei achtsam, denn du wirst dazu neigen, diese Reaktionen zu übersehen. Die meisten von uns übersehen diese Wirkungen nämlich schon ihr Leben lang.

Vielleicht stellt dein Kind die Lösung deines Problems in einer Zeichnung dar. Vielleicht ruft ein Freund oder eine Freundin an und lädt dich ins Kino ein: Dort gibt dir plötzlich der Film die richtige Antwort. Vielleicht entdeckst du die Antwort auf einer herausgerissenen Buchseite, irgendwo im Park herumliegend. Du wirst erstaunt sein, wenn du feststellst, dass die Antworten keine nebulösen oder kryptographischen Äußerungen sind, sondern glasklare, eindeutige Mitteilungen, die die richtige Entscheidung oder Handlung zur Lösung des Problems genau wiedergeben. Wie das möglich ist, lässt sich nachvollziehen, wenn man die Verschachtelung der Welten versteht. Vielmehr ist es ein Rätsel, warum wir Menschen so lange nicht fähig waren, diese dem Synchronizitätsprinzip ähnliche Gesetzmäßigkeit zu erkennen.

Die Eselsohren-Technik

Bist du ein gutmütiger, hilfsbereiter Mensch? Dann wirst du es – aller Wahrscheinlichkeit nach – in dieser Welt ein bisschen schwerer haben. Es gibt nämlich eine Menge Mitmenschen, die dazu neigen, diese Charaktereigenschaft auszunutzen. Mit der Folge, dass du oft Dinge tust, die du eigentlich gar nicht tun möchtest. Auch in diesem Fall bist du Opfer erstarrter Verstandesstrukturen.

Hast du einen Nachbarn, der immer wieder morgens um sieben Uhr bei dir klingelt, um deine Fahrradpumpe auszuleihen? Und es ärgert dich, dass du die Pumpe anschließend jedes Mal bei ihm abholen musst, wenn du sie selbst brauchst? Dann setze künftig die Eselsohren-Technik ein. Stelle dir vor, du malst mit weißer Kreide auf dem Boden einen großen Kreis und stellst dich anschließend in diesen Kreis. In der Ferne siehst du den Nachbarn, der auf dich zukommt. Du holst aus deiner Hosentasche eine graue Stoffkappe. Diese Kappe hat zwei Eselsohren. Du setzt sie dir auf den Kopf und wartest, bis der Nachbar vor deinem Kreis stehen bleibt. Jetzt hast du zwei Möglichkeiten: Gibst du ihm die Pumpe, dann musst du die Kappe aufbehalten. Gibst du sie ihm nicht, dann darfst du die Kappe wieder in deine Tasche stecken. Komme dir bitte nicht lächerlich vor, wenn du dir die Eselsohrenkappe aufsetzt: In all den vergangenen Momenten, in denen du diesem Nachbarn die Pumpe ausgeliehen hast, warst du schließlich tatsächlich ein Esel.

Trage diese imaginäre Kappe immer bei dir. Sobald du in einer Situation das Gefühl hast, dass jemand etwas von dir will, was du selbst nicht willst, dann setzte sie dir in deiner Vorstellung auf und werde dir deinem Dilemma bewusst.

Illustration 9

A-neu

Y Z

V W X

G U K Q

U

S T

P **Q** R

L M N O

K

I J

F **G** H

B C D E

A

Die Technik der dritten Pyramide

Notiere eine Frage oder ein Problem unten auf einem Blatt Papier (A). Wiederhole die Frage gedanklich und schreibe das erste Wort, das dir dazu einfällt auf (B). Wiederhole die Frage oder das Problem und schreibe die zweite Assoziation daneben (C). Verfahre mit (D) und (E) ebenso. Jetzt denke nicht mehr an die Frage oder das Problem und notiere das Wort, das dir einfällt, indem du B und C verknüpfst. Wenn (B) zum Beispiel das Wort Apfel wäre und (C) das Wort Loch, könnte die Assoziation das Wort Wurm sein. Schreibe einfach den ersten Gedanken, der dir einfällt auf. Diese Assoziation schreibst du auf Platz (F).

Vervollständige die unterste Pyramide:
(C) verknüpft mit (D) ergibt (G),
(D) kombiniert mit (E) ergibt (H),
(F) verknüpft mit (G) ergibt (I), ...

(K) ist die Spitze der ersten Pyramide. Nehmen wir an, (K) ist das Wort Regen. Jetzt verknüpfe deine ursprüngliche Frage mit dem Wort Regen und schreibe deine erste Assoziation auf (L). Wiederhole das drei Mal: So findest du die Aussagen oder Wörter (M), (N) und (O). Wenn deine ursprüngliche Frage zum Beispiel "Warum finde ich keinen Job?" wäre, dann könnte die Kombination "Regen ... Warum finde ich keinen Job?" die folgenden vier Assoziationen liefern:

(L) Ich stehe immer im Regen
(M) Tropf
(N) James Dean
(O) Sonne

(L), (M), (N) und (O) formen die Basis der zweiten Pyramide. Jetzt verknüpfe diese vier Gedankenfetzen wieder – wie in der unteren Pyramide – und finde so (P), (Q), (R), (S), (T) und (U). (U) ist die Spitze der zweiten und mittleren Pyramide. Forme die Basis der dritten und oberen Pyramide, indem du die schon gefundenen Assoziationen (G), (U), (K) und (Q) aufschreibst. Finde die restlichen Bausteine dieser Pyramide durch weiteres Kombinieren. "A-neu" ist die Spitze dieser Pyramide. Nehmen wir an, es ist die Aussage "Früher Vogel". Sinniere jetzt einige Zeit über die Aussage "A-neu – A" nach. Im genannten Beispiel wäre das die Kombination "Früher Vogel – Warum finde ich keinen Job?"

Mit Hilfe dieser Technik kannst du Probleme lösen, Antworten auf Fragen finden oder Ursachen entdecken. Auch kannst du damit die Idealform einer Sache finden. Nimm zum Beispiel den Begriff "Staub" und wende darauf die Technik der dritten Pyramide an. Experimentiere mit dieser Technik. Sie befreit dich vom Zwang, alles logisch angehen zu wollen.

Übersicht 2

Technik	Astrologisches Prinzip	Seelisches Prinzip	Ergebnis
Separation	Mond	Verstand	Details wahrnehmen
Collage	Merkur	Kommunikation	Kontakt zur Umgebung haben
Dynamisierung	Venus	Beziehungen	Wechsel-wirkungen spüren
Paradoxe Frage	Sonne	Intuition	Verborgene Bedeutungen erkennen
Schmetterlings-punkt	Mars	Abenteuer	Neue Erlebnisse haben
Himalaja	Jupiter	Expansion	Neue Informationen bekommen
Eselsohren	Saturn	Abgrenzung	Neue Freiheit erwerben
Die dritte Pyramide	Uranus	Erfindung	Neue Entdeckungen machen

III. Buch

Dein Weg zum kreativen Traum

Einleitung

Die meisten Menschen erleben den Zustand des Wachseins einigermaßen bewusst, den Traumzustand kaum bewusst und den Tiefschlaf völlig unbewusst. Diese Tatsache kann man auch anders ausdrücken: Die meisten Menschen nutzen nur einen Bruchteil ihres Potenzials. Die fünf Wege machen die Nutzung des ungenutzten Potenzials möglich: Auf dem ersten Weg (Dein Weg zum Erfolg) erreicht der Mensch den Wendepunkt seines Lebens und wird zum Mitgestalter seiner Alltagswirklichkeit. Er findet den Weg, der zur Erfüllung seiner Wünsche führt. Der zweite Weg (Dein Weg zur neuen Wahrnehmung) führt zu einer größeren Bewusstheit im Wachzustand. Die Tyrannei erstarrter Verstandesstrukturen wird beendet. Auf dem dritten Weg (Dein Weg zum kreativen Traum) erlebt der Mensch seine Träume bei vollem Bewusstsein. Er hat Zugang zur Inspiration und Kreativität, kann Teile seiner Persönlichkeit integrieren und zur neuen Identität gelangen. Er ist glücklich und begegnet der richtigen Person im richtigen Augenblick. Wir Menschen haben nicht nur mit Problemen in unserer Umgebung zu kämpfen. Als Bürger zweier Welten bemerken wir, dass in unserer Innenwelt auch nicht alles stimmt. Wir haben Schwierigkeiten, Sorgen und Schmerzen. Bestimmte Gedanken und Gefühle beherrschen uns. Wir möchten uns entfalten und innerliches Glück erfahren, es gelingt uns aber nur teilweise. Um diese Probleme lösen und um innerlich wachsen zu können, müssen wir unsere Psyche erkunden und die zwei Welten, die Welt des Verstandes und die Welt des Herzens, miteinander verbinden. Als Hilfe dazu dient das bewusste Träumen.

Es ist möglich, in einem Traum zum klaren Bewusstsein zu gelangen und die völlige Handlungsfreiheit zu erwerben. In der Fachliteratur findet man für diesen Zustand

Bezeichnungen wie "Klartraum", "Wachtraum", "luzider Traum", "lucid dream" und "bewusster Traum". Der ideale Zustand ist ein Wachtraum, in dem es einem gelingt, kreative Impulse für das Alltagsleben zu gewinnen. Diese Art von Klartraum nenne ich "kreativen Traum". Die Hauptmerkmale eines luziden Traums sind:

1) Der Träumer ist sich völlig bewusst, dass er träumt. Er kann sich an sein Alltagsleben erinnern.
2) Der Träumer kann frei handeln und auf seine Traumumgebung einwirken.
3) Dem Träumer stehen all seine Sinnesfunktionen zur Verfügung.

Du kannst in einem Wachtraum unzählige Möglichkeiten verwirklichen, zum Beispiel:

- fremde Orte besuchen und dort Abenteuer erleben,
- Selbsterkenntnis erwerben oder
- Problemlösungen und kreative Anregungen erhalten.

Auch kann der luzide Traum ein Heiltraum oder eine Quelle für spirituelles Wachstum sein. In einem Wachtraum kann dir nichts passieren. Du träumst ja! Alle Bilder sind Produkte von dir selbst. Auch kannst du einen Wachtraum jederzeit abbrechen. Die zwölf in diesem Buch vorgestellten Techniken, die das bewusste Träumen zur Folge haben, stehen in Beziehung zu den zwölf Tierkreiszeichen der Astrologie. Die dreizehnte Technik stellt den Kontakt zu deiner Quelle der Inspiration her.

Die zwölf Techniken lassen sich in drei Gruppen einteilen:

Die erste Gruppe hat mit der Wahrnehmung von Vorgängen zu tun, die normalerweise kaum oder gar nicht wahrgenommen werden. Die zweite Gruppe von vier Techniken bereitet der Macht bestehender Vorstellungen ein Ende. Die dritte Gruppe vermittelt dir die vier Stufen des bewussten Traums.

1) Mit Hilfe der ersten Technik holst du die wichtigsten Figuren deiner Traumwelt ins Bewusstsein.

2) Die zweite Technik heißt "Magischer Hintergrund". Vorzeichen und Figuren aus dem nicht beachteten Teil der Alltagswelt werden sichtbar.

3) Eine neue Technik, um den "Inneren Dialog" anzuhalten und den Zustand des "Inneren Schweigens" zu erreichen.

4) Durch die vierte Technik verhinderst du die Bildung störender Routinemuster.

5) Die fünfte Technik ist eine wirksame Übung, um Mut zu entwickeln.

6) Mit der sechsten Technik verwandelt man ein negatives Selbstbild in ein positives.

7) Eine Technik, um positive Blickwinkel zu finden.

8) Die Technik "Die Traumtreppe" hilft, den Standpunkt, der unsere Alltagswirklichkeit bestimmt, verlassen zu können.

9) Die neunte Technik ist eine strukturierte Kombination von verschiedenen "Reality-Checks". Durch sie wacht der Träumer im Traum auf.

10) Das Erlernen der zweiten Stufe des bewussten Träumens: Das Wachbleiben im Klartraum.

11) Die dritte Stufe: Das Fliegen im Traum.

12) Durch die Technik "Der Goldene Schlüssel" wird der Wachtraum eine Quelle von positiven Erfahrungen.

Abschließend folgt eine Technik, um Inspiration zu erhalten. Sie verwandelt das bewusste Träumen in kreatives Träumen.

Der Geheime Garten

Tagsüber lebst und erlebst du dein Leben: Du begegnest anderen Menschen und bist in Dialoge verwickelt. Du kämpfst mit Problemen und erreichst Ziele. Ansichten, Gewohnheiten, Wünsche und Emotionen steuern dein Verhalten. Du agierst und reagierst. Du wirst krank und wieder gesund ... Du erlebst dein Leben als eine Kette von Ereignissen, wobei das Gesetz von Ursache und Folge die Perlen aneinander reiht. So wenigstens nimmt es dein Verstand wahr. Dein Herz sieht das ganz anders. Für dein Herz ist dein Leben keine logische Sequenz von Vorfällen. Dein Herz nimmt die Menschen, Objekte und Ereignisse deiner Alltagsrealität unter einem qualitativen Aspekt wahr: Äpfel magst du, Birnen magst du nicht. Zen hat eine Bedeutung in deinem Leben, Yoga weniger. Beziehungsprobleme fördern deine Entwicklung, Harmonie bedeutet für dich Stillstand. Einige Gegenstände passen zusammen, andere nicht. Während der Verstand sich eher mit interagierenden Objekten befasst, setzt das Herz sich eher mit den Beziehungen unter den Objekten auseinander. Begriffe wie Kunst, Schönheit, Qualität, Liebe, Harmonie und Atmosphäre passen in seinen Bereich.

Dein Herz vermittelt dir nachts die Botschaften seiner Sichtweise in Form von Träumen. Die meisten Menschen haben kein großes Interesse an diesen Nachrichten. Vielleicht, weil die Gesellschaft keinen besonderen Wert darauf legt oder weil es anfangs nicht leicht ist, die vom Herzen aufgegebenen Bilderrätsel zu lösen. Das anerzogene verstandesbetonte Interesse an der Welt verursacht auf Dauer eine katastrophale Einseitigkeit. Denn gerade die Welt der Träume hält eine Vielzahl von Schätzen für die Menschen bereit. Problemlösungen, neue Ideen, kreative Impulse, Wegweiser für die innere Entwicklung, ganze Kunstwerke und sogar das große Glück warten darauf, entdeckt zu werden. Der Mensch, der festgestellt hat, dass ihm etwas Grundlegendes im Leben fehlt, ist gut beraten, sich auf den Weg in die Traumrealität zu machen.

Die erste Technik hat das Ziel, die wichtigsten Gestalten deiner Traumwelt ins Bewusstsein zu holen. Dort bekommen sie Raum, um sich zu entfalten, und zwar so weit zu entfalten, bis sich vollständige Bilder ergeben, deren Bedeutung dir glasklar vor Augen steht. Kaufe dir einen Ordner und mindestens 100 Blätter weißes Papier im DIN-A4-Format. Das Papier sollte ein Gewicht von etwa 160 bis 180 Gramm pro Quadratmeter haben. Es darf nicht reißen, wenn darauf gemalt wird oder wenn Bilder darauf geklebt werden. Dieser Ordner ist dein "Geheimer Garten". Deine Traumgestalten sind wie winzige Pflanzen, die aus der dunklen Erde ans Licht dringen, um ihre Form dort nach und nach zu vervollständigen. Jede Traumfigur bekommt im Ordner ihr eigenes Blatt, auf dem sie sich entfalten kann.

Lege jede Nacht, bevor du schlafen gehst, einen Notizblock und einen Stift neben dein Bett. Schreibe am oberen Rand deines Notizzettels den Satz "Ich erinnere mich an meine Träume". Wenn du nachts oder morgens aufwachst, dann versuchst du, dich an deine Träume zu erinnern. Erhaschst du einen Erinnerungsfetzen, dann notiere auf deinem Block einige Stichwörter, wie "Schwarzer Hund beißt mich" oder "Ich bin ein guter Schwertkämpfer". Fällt dir nichts ein, dann gehe in Gedanken die Menschen, die du kennst, der Reihe nach durch. Denke kurz an deinen Vater, deine Mutter, Kind A, Kind B, Freund A, Freund B, Kollege A usw. Da in vielen Träumen eine bekannte Person eine Rolle spielt, ist hierbei die Chance, dass du dich an einen Traum erinnerst, groß. Während du versuchst, Traumfetzen ins Bewusste hinüberzuretten, solltest du dich möglichst wenig bewegen, da plötzliche Bewegungen die Erinnerungen zerstören.

Drehe dich trotzdem auch einmal vorsichtig auf eine andere Seite, da dir in einer anderen Körperlage weitere Träume einfallen können. Nimm am nächsten Tag deinen Ordner und teile jeder gefundenen Traumgestalt ein eigenes Blatt zu. Traumgestalten können Lebewesen, Dinge und Orte sein. Hast du von einem schwarzen Hund, der dich beißt, geträumt, dann gibst du einem Blatt den Titel "Hund". Male auf dieses Blatt in der oberen Ecke einen schwarzen Hund oder klebe ein gefundenes Bild eines schwarzen Hundes dorthin. Schreibe den Satz "Schwarzer Hund beißt mich" daneben. Verfahre mit den anderen Traumgestalten ebenso. Träumst du Wochen später von einem Hund, der Cola trinkt, dann suchst du das Blatt "Hund" und notierst darauf unter der alten Notiz dieses neue Ereignis. So werden die Bilder deiner Traumgestalten nach und nach vervollständigt. Ordne die Blätter in deinem Ordner alphabetisch, da schon bald eine sehr große Menge an Traumgestalten in deinem "Geheimen Garten" wachsen wird.

Der Magische Hintergrund

Langsam, aber sicher werden deine Traumfiguren Gestalt annehmen. Es sind DEINE Traumgestalten: Sie offenbaren dir Botschaften von deinem Herzen an dein Ich. Sie werden dir unter anderem auch Persönlichkeitsmerkmale offenbaren, die du gern ändern würdest. Akzeptiere dich aber zunächst so, wie du bist. Erst dann bist du im Stande, dein Verhalten mit Humor zu betrachten, dir deine Fehler zu verzeihen, deine Situation zu analysieren und dein Leben zu verändern. Du wirst später noch lernen, wie du positiv auf das Traumgeschehen einwirken kannst. Die dadurch entstandenen Veränderungen des Traumflusses werden auf Dauer auch Wandlungen in deiner Alltagsrealität hervorrufen. Deine Arbeit mit dem "Geheimen Garten" offenbart dir eine verborgene innere Welt. Aber nicht nur die Traumwelt hält eine Fülle von Bildern, Symbolen und Botschaften für dich bereit: Auch in der Außenwelt gibt es eine verborgene Welt, die von großer Bedeutung für dich ist, weil sie ebenso voller Figuren, Ideen und Signale ist, die dein Leben grundlegend ändern können. Diese verborgene Welt im Alltag nenne ich den "Magischen Hintergrund". Er ist für den Verstand nicht direkt wahrnehmbar. Mit Hilfe der unten beschriebenen Technik kannst du seine Signale jedoch sichtbar machen und ihre Bedeutungen verstehen lernen. Wendest du diese Technik über längere Zeit an, macht sie sich selbst überflüssig, weil du immer häufiger die Omen, Zeichen und Wachstumsimpulse, die sich im "Magischen Hintergrund" manifestieren, spontan wahrnehmen und verstehen wirst.

Der Verstand bevorzugt zwei Vorgehensweisen: Das ergebnisorientierte Handeln und das Zusammenbringen von Dingen mittels Logik. Wenn wir die für den Verstand verborgene Welt sichtbar machen wollen, tun wir genau das Entgegengesetzte: Wir handeln ohne Ziel und verknüpfen Dinge miteinander, die logisch gesehen nichts miteinander zu tun haben. Man könnte meinen, durch diese Methode in dem Bereich des Zufalls zu landen. Das stimmt aber nicht: Treffen wir zum Beispiel eine un-logische Entscheidung, dann entscheidet zwar nicht der Verstand, aber irgendetwas in uns entscheidet trotzdem (sonst gäbe es ja keine Entscheidung). Und dieses Irgendetwas ist das Herz. Der Verstand verknüpft logisch und macht damit die normalen Dinge unserer Alltagswelt sichtbar. Das Herz verknüpft un-logisch und macht damit die ungewöhnlichen Dinge des "Magischen Hintergrundes" sichtbar. Die Elemente, die sich im "Magischen Hintergrund" manifestieren, sind Vorzeichen und Auslöser von Wandlungen in unserem Leben.

Ich gebe drei Beispiele, wie du die Technik anwenden kannst:

1) Besuche einen Ort, der dich interessiert: Eine religiöse Zusammenkunft von Andersgläubigen, einen exotischen Basar, eine Kunstgalerie, eine Hundeausstellung, einen Ramschladen, einen alten Dorfkern ... Wähle keinen Ort aus, von dem du meinst, es wäre vorteilhaft, mehr darüber zu erfahren. Nein, der Grund für deine Wahl muss ein anderer sein: Es muss irgendeine Neugier vorhanden sein, zum Beispiel, weil der Ort oder die Veranstaltung ungewöhnlich, spannend, neu oder albern ist. Nehmen wir mal an, du entscheidest dich dafür, eine Ausstellung des örtlichen Rassekaninchenzüchter-vereins zu besuchen. Gehe dort hin und versuche nun, an diesem Ort möglichst viel über die Sinne wahrzunehmen. Nimm alles in dir auf. Sei neugierig, wie ein Kind oder ein Künstler es ist. Beobachte Menschen: Was tun sie? Was sagen sie? Schaue dir die Tiere an. Wie sehen Kaninchen genau aus? Was tun sie? Sieh dir deine Umgebung genau an: Welche Symbole enthält die Flagge des Vereins? In welchen

Farben ist der Raum gestaltet? Bleibe dabei entspannt, laufe nicht mit Stielaugen herum, sondern sei offen und nimm auf. Folge deinem Gespür für das Ungewöhnliche, Auffällige, Besondere.

Wieder zu Hause angekommen, nimmst du ein Blatt Papier und einen Stift. Notiere jetzt in Stichworten – verteilt über das ganze Blatt – die in der Ausstellung gemachten Wahrnehmungen, die außergewöhnlich waren: Die besondere Aussage einer Person, ein schöner Gegenstand, ein störendes Ereignis, ... Hast du alles aufgeschrieben, dann lasse die kurzen Sätze und Stichworte auf dich einwirken. Versuche, Beziehungen zwischen diesen Elementen zu finden. Male Kreise um wichtig erscheinende Wörter, zeichne Pfeile und Striche, um Zusammenhänge anzudeuten. Folge deinen Eingebungen: Wenn du zum Beispiel meinst, du brauchst mehr Informationen über ein Thema oder einen Gegenstand, dann suche in Lexika oder im Internet. Wird eine Struktur sichtbar, dann nutze sie, um die Elemente auf einem zweiten Blatt neu anzuordnen. Arbeite mit dieser Struktur und verfeinere sie. Wenn es notwendig ist, nimm ein drittes Blatt, um sie abzuwandeln. Das Endergebnis wird eine Zeichnung, ein Bild, ein Symbol, eine Idee, ein Text, eine Erinnerung oder eine Aussage sein. Male, zeichne oder schreibe das Endprodukt auf ein Blatt deines "Geheimen Gartens". Sie werden auch in deinen Träumen eine Rolle spielen. Gib der entdeckten Figur einen Namen.

2) Die Technik lässt sich auch auf einen Text anwenden: Wähle einen Text, der dich neugierig macht. Markiere jetzt bestimmte Wörter oder Aussagen. Und zwar nicht die Wörter, die das logische Skelett bilden, sondern die, die dir aus irgendeinem anderen Grund auffallen. Notiere sie auf einem Blatt und verfahre genauso wie im oben angeführten Beispiel.

3) Du erlebst in deiner Alltagswirklichkeit Dinge, die recht merkwürdig sind, die aber normalerweise mit einem Schulterzucken als Zufall abgetan werden. Vielleicht setzt sich ein exotisches Insekt auf deine Hand in einer Umgebung, in der es diese Insekten normalerweise gar nicht gibt. Passiert dir so etwas, dann suche nach Informationen über dieses Insekt. Entdecke in der beschriebenen Weise die verborgene Struktur und hefte die "Botschaft" in deinem Ordner ab.

Durch die Anwendung dieser Technik wird sich eine zweite Sicht auf die Realität entwickeln. Die entdeckten Figuren aus dem "Magischen Hintergrund" haben ein geheimnisvolles Innenleben. Sie tauchen auch in deinen Träumen auf und enthalten eine Energie, die dein Leben in eine neue Richtung lenken wird.

Die Perlenkette

Die anscheinend objektive Wirklichkeit, die du erfährst, ist gar nicht objektiv. Sie ist ein Modell der Wirklichkeit, das dir die Gesellschaft, in der du lebst, im Laufe deines Lebens vermittelt hat. Du musst nur längere Zeit in einem Land mit einer anderen Kultur leben, um zu verstehen, dass dein Realitätsmodell eines von vielen ist. Dein Bild der Wirklichkeit wird aufrechterhalten durch das Denken, durch deinen inneren Dialog. Wir Menschen reden ständig mit uns selbst, mal bewusst, mal unbewusst. Aber nicht nur dein Weltbild wird durch deine Gedanken ständig bestätigt, sondern auch dein Selbstbild. Das innere Schweigen ist ein Tor zum Herzen. Gelingt es dir nämlich, deinen inneren Sprecher verstummen zu lassen, verlässt du dadurch automatisch die bekannte Wirklichkeit des Verstandes und betrittst die Welt des Herzens. Es ist nicht einfach, den inneren Dialog anzuhalten. Die Technik besteht aus zwei Schritten:

1) Suche dir ein einfaches Gedicht mit etwa sechs bis zehn nicht zu langen Zeilen. Sprich dieses Gedicht einige Male laut. Sag jetzt die erste Zeile laut und betone dabei das erste Wort. Wiederhole dann die erste Zeile und betone dabei das zweite Wort. Sag danach noch einmal die erste Zeile und betone dabei das dritte Wort. Fahre so fort, bis du die erste Zeile mit Betonung auf dem letzten Wort ausgesprochen hast. Sage die zweite Zeile nicht laut auf, sondern "im Geiste". Sprich sie also innerlich, aber weiter genauso wie die erste Zeile: Betone das erste Wort der zweiten Zeile stark, sag danach die zweite Zeile innerlich noch einmal und betone dabei das zweite Wort usw.

Fahre so fort: Sag die dritte Zeile wieder so oft laut, bis du deren letztes Wort betont hast. Die vierte Zeile wird innerlich gesprochen. Die fünfte laut. Fahre so fort, bis du das ganze Gedicht gesprochen hast. Wichtig ist, dass du sowohl beim lauten Sprechen als auch beim innerlichen Sprechen dich selbst hörst. Höre genau zu, wie du die einzelnen Wörter der Zeilen sagst und wie du sie betonst. Sprich langsam, um dich hören zu können. Mache diese Übung jeden Tag, bis du sie mühelos ausführen kannst. Als Beispiel ein Teil eines Gedichtes aus einem Grimm'schen Märchen (das fett gedruckte Wort wird stark betont ausgesprochen):

Sie sitzt auf ihrer Kammer
Sie beklagt ihren Jammer
weint ihre Äuglein seidenrot
Weil der alte Herr Fuchs ist tot

Laut sprechen:

Sie sitzt auf ihrer Kammer
Sie **sitzt** auf ihrer Kammer
Sie sitzt **auf** ihrer Kammer
Sie sitzt auf **ihrer** Kammer
Sie sitzt auf ihrer **Kammer**

Innerlich sprechen:

Sie beklagt ihren Jammer
Sie **beklagt** ihren Jammer
Sie beklagt **ihren** Jammer
Sie beklagt ihren **Jammer**

Laut sprechen:

weint ihre Äuglein seidenrot
weint **ihre** Äuglein seidenrot
weint ihre **Äuglein** seidenrot
weint ihre Äuglein **seidenrot**

Innerlich sprechen:

Weil der alte Herr Fuchs ist tot
Weil **der** alte Herr Fuchs ist tot
Weil der **alte** Herr Fuchs ist tot
Weil der alte **Herr** Fuchs ist tot
Weil der alte Herr **Fuchs** ist tot
Weil der alte Herr Fuchs **ist** tot
Weil der alte Herr Fuchs ist **tot**

2) Um das innere Schweigen zu üben, sprich das von dir gewählte Gedicht auf folgende Art: Sprich die erste Zeile wieder laut, aber ohne Betonung. Sprich dann die erste Zeile wieder, lass aber das letzte Wort weg. Sprich danach diese Zeile noch einmal und lasse die beiden letzten Wörter weg. Danach die letzten drei. Schließlich ist nur noch das erste Wort übrig, das du laut sagst. Schweig danach einige Zeit. Jetzt ist die zweite Zeile an der Reihe, die innerlich gesagt wird. Sage, genau wie oben, die ganze Zeile, danach jedoch ohne das letzte Wort, dann ohne die letzten beiden Wörter. Fahre fort, bis du innerlich nur noch das erste Wort sagst. Schweige danach innerlich einige Zeit. Die dritte Zeile wird wieder laut gesagt, bis sie ganz verschwunden ist. Danach die vierte Zeile, die innerlich gesagt wird, bis sie sich aufgelöst hat. Verweile so lange wie möglich in dem inneren Schweigen. Die fünfte Zeile wieder laut. Die sechste innerlich, bis du das ganze Gedicht durchgearbeitet hast. Auf der nächsten Seite gebe ich ein Beispiel mit dem bekannten Gedicht:

Laut sprechen:

Sie sitzt auf ihrer Kammer
Sie sitzt auf ihrer
Sie sitzt auf
Sie sitzt
Sie
(Schweigen)

Innerlich sprechen:

Sie beklagt ihren Jammer
Sie beklagt ihren
Sie beklagt
Sie
(Inneres Schweigen)

Laut sprechen:

weint ihre Äuglein seidenrot
weint ihre Äuglein
weint ihre
weint
(Schweigen)

Innerlich sprechen:

Weil der alte Herr Fuchs ist tot
Weil der alte Herr Fuchs ist
Weil der alte Herr Fuchs
Weil der alte Herr
Weil der alte
Weil der
Weil
(Inneres Schweigen)

Der Tonkrug

Wir tun eine Menge Dinge in unserem Leben, die uns selbst stören. Wir würden unser Verhalten gern ändern und versuchen das auch ständig. Aber leider klappt es meistens nicht:

Wir essen immer noch zu viele Süßigkeiten.
Im Keller herrscht immer noch das große Chaos.
Wir verschwenden unsere Zeit immer noch mit übermäßigem Fernsehkonsum.
Mit unserem Partner oder unserer Partnerin streiten wir immer noch über das gleiche Thema.

Der Grund, warum wir unser Verhalten kaum ändern können, liegt darin, dass die meisten unserer Handlungen zur Gewohnheit geworden sind: Sie laufen routinemäßig ab. Wir bilden für unsere Handlungen ständig Routinemuster. Der Vorteil ist, dass wir dadurch die Möglichkeit haben, unsere Aufmerksamkeit auf andere Dinge zu richten. Es gibt aber auch einen Nachteil: Jedes Muster braucht eine bestimmte Menge an Energie, um zu funktionieren. Und diese Energie steht unserem Organismus nicht mehr zur Verfügung. Man könnte unsere Muster vergleichen mit Computerprogrammen, die im Hintergrund laufen. Sie rauben dem Prozessor dabei eine Menge Leistung und beeinträchtigen so die Arbeit mit dem Programm im Vordergrund. Ist die Zahl der Programme im Hintergrund zu groß geworden, wird ein weiteres Arbeiten mit dem aktuellen Programm sogar unmöglich. Analog dazu steht auch uns keine Energie für Kreativität und Entfaltung mehr zur Verfügung, weil die Zahl unserer Muster zu groß geworden ist. Der Name der in diesem Kapitel vorgestellten Technik ist "Der Tonkrug". Der Tonkrug versinnbildlicht ein hartes, unveränderliches Muster. Das Wasser symbolisiert die eingeschlossene Energie. Diese Energie wird durch das

Zerbrechen des Kruges befreit. Diese Technik ermöglicht es dir, inadäquate oder überflüssige Muster aufzubrechen. Die freigesetzte Energie steht deinem Herzen dann wieder zur Verfügung.

1) Beginne, Handlungsabläufe, Gegenstände und Situationen als Energiemuster zu betrachten. Die chaotische Schublade, das zweistündige Treffen mit einem Bekannten, der Wutanfall heute Morgen, die gewaltige Sammlung alter Comics, ein Kaffeetrinken beim Italiener: Sie alle sind Energiemuster.

2) Stell dir mehrmals am Tag die Fragen "Was tue ich gerade?" und "Wie tue ich das genau?". Du lernst hierdurch, dich selbst bei deinen Handlungen zu beobachten. Nach einiger Zeit wirst du feststellen, dass viele deiner Handlungen wirklich automatisiert ablaufen, auch während du sie observierst. Es ist, als ob du einer Maschine zuschaust. Nimm wahr, wie du deine Socken anziehst, wie du sitzt und isst, wie du den Müllsack trägst. Beobachte, wie du Unordnung schaffst, wie du dich müde hinlegst, wie du Kritik übst. Die Liste ist endlos. Jetzt kommt das Kernstück dieser Technik: Das Aufbrechen von Mustern. Das wichtigste Merkmal eines Musters ist seine Vollständigkeit, seine Perfektion. Jedes Muster bildet eine geschlossene Einheit. Dabei ist jedes Teil eines Musters ein wesentlicher Bestandteil des Ganzen. Die Perfektion eines Musters macht seine Stärke aus: Sie macht es fast unzerstörbar oder unbesiegbar. Versucht man, ein Muster als Ganzes zu eliminieren, kann einem das kaum gelingen. Die Tatsache aber, dass jedes Teil ein essentieller Beitrag zum Ganzen ist, macht seine Schwäche aus. Nimmt man einen kleinen Bestandteil des Musters weg, so ist seine Perfektion angekratzt: Der makellose Krug hat sozusagen einen Riss bekommen. Und ein Krug mit einem Sprung nützt bekanntlich nicht sehr lange.

3) Fange an, in einer gewohnten Handlungskette irgendetwas mal auf eine ganz andere Art und Weise zu tun. Drehe zum Beispiel den Deckel mit der linken statt der rechten Hand auf die Zahnpastatube. Lege den Hammer einmal mit einer sehr langsamen Bewegung hin. Schreibe eine Notiz in viel größerer Schrift als gewöhnlich. Stelle dir zur Abwechslung mal einen Wecker, wenn du am Computer spielst. Diese spontanen, spielerischen Veränderungen sollen nicht dauerhaft in deine Gewohnheiten "eingebaut" werden. Es geht nur darum, die Dinge immer wieder auf überraschende Weise anders zu tun als gewöhnlich.

Stelle dir vor, deine Partnerin hat schlechte Laune. Aus Erfahrung weißt du, dass sie versuchen wird, die Laune auf dich zu übertragen. Es wird nicht lange dauern und es kommt zum Streit. Was kannst du dagegen tun? Deine Partnerin versucht, ein bekanntes Muster zu etablieren. Und dieses Muster wird dich mitziehen, weil deine gewohnten Reaktionen und Aktionen Teile davon sind. Um nun zu verhindern, dass dieses Muster sich konkretisiert, machst du gleich zu Anfang etwas völlig Unerwartetes: Du stehst zum Beispiel plötzlich auf und sagst: "Ich kaufe dir einen Blumenstrauß, das habe ich schon lange vor." Oder du nimmst ein Kochbuch, blätterst darin und fragst: "Fällt dir ein gutes Rezept für morgen ein?" Es kommt nicht darauf an, was du genau sagst oder tust. Es geht darum, den stetigen Aufbau des Streitmusters durch völlig unerwartete Handlungen zu verhindern. Deine überraschenden Beiträge bringen deine Partnerin aus ihrem Rhythmus. Und ohne Rhythmus wird es ihr nicht gelingen, ihren "Kriegsplan" auszuführen.

Ein letztes Beispiel: Auf einem Schrank steht ein Bananenkarton mit allerhand Zeug und Krempel. Dieser Karton stört dich schon lange, aber aktiv geworden bist du immer noch nicht. Betrachte den Karton als Muster und frage dich, welche kleine Änderung das Ende seines Fortbestandes bedeuten würde. Eine Möglichkeit wäre, nur die Lage des Kartons zu ändern. Nimm den Karton vom Schrank und stelle ihn neben deinen Schreibtisch. Stelle auf den Schrank eine Pflanze oder etwas anderes Dekoratives, damit deutlich wird, dass dieser Platz nicht mehr für den Karton zur Verfügung steht. Mehr als diese kleine Handlung brauchst du nicht auszuführen: Schon sehr bald wirst du die Zeit finden, den Karton neben deinem Schreibtisch auszuräumen und zu entsorgen.

Fünf Arten von Mustern binden extrem viel Energie; es lohnt sich, diese nach und nach aufzubrechen: Zeitverschwendung, negative Emotionen, Chaos, Ballast (von einer Sache übertrieben viel zu besitzen) und falsche Essgewohnheiten.

Illustration 10

Die Löwenhaltung

Durch diese Technik entwickelst du die Herzensqualität Mut. Die Übung hilft außerdem, emotionale Spannungen zu lösen, und wirkt dadurch befreiend. Stell dich aufrecht hin, die Füße schulterbreit auseinander. Mach mit dem rechten Fuß einen großen Schritt nach vorn und bleib so stehen. Dein rechtes Bein ist angewinkelt, das Knie befindet sich senkrecht über dem Fußgelenk. Der rechte Fuß zeigt gerade nach vorn. Das linke Bein ist gestreckt, der Fuß etwa 45 Grad nach links gedreht. Beide Füße stehen flach auf dem Boden.

Strecke deine Arme nach vorn, den rechten schräg nach oben, den linken schräg nach unten. Halte sie etwas gebogen. Die rechte Hand befindet sich auf Kopfhöhe, die linke auf Bauchhöhe. Krümme deine Finger wie Klauen. Der Handrücken der rechten Hand ist nach oben, der Handrücken der linken Hand ist nach unten gedreht. Spann deine Schulterblätter etwas an. Atme tief ein und aus und stelle dir lebhaft vor, du bist ein Löwe mit funkelnden Augen und gebleckten Zähnen. Mach einen Schritt nach vorn, in Richtung eines imaginären Gegners. Mache dazu schnelle, blitzartige attackierende Bewegungen mit deinen Armen. Stoße dabei den Laut "Ha" aus.

Kehre in deine Ausgangsposition zurück und kontrolliere, ob du noch das Gefühl hast, ein Löwe zu sein. Wiederhole die Attacken noch einige Male. Beende die Übung mit dem Spruch: "Ich bin mutig und kämpfe gegen Angreifer in meinen Träumen." Siehe Illustration 10.

Der Edelstein

Das Bild, das du von dir selbst hast, kann man dein Selbstbild nennen. Es hat sich in deiner Kindheit geformt und es ist einer der mächtigsten Faktoren, die dein Schicksal bestimmen. Deine gesamte äußere Erscheinung hängt von diesem Bild ab. Es prägt deine Sprache, deine Taten und dein Benehmen. Dabei ändert sich dein Selbstbild während deines Lebens nicht wesentlich, es sei denn, du beabsichtigst dieses. Hast du in deiner Kindheit nur positive, aufbauende Erfahrungen, dann besitzt du ein optimales Selbstbild, das keiner Veränderung bedarf. Hast du negative Meinungen über dich von deinen Erziehern übernommen, dann besitzt du ein mangelhaftes Selbstbild. Wenn du es in ein ideales Selbstbild ändern möchtest, kannst du hierfür die folgende Technik benutzen:

1) Stelle fest, wie dein momentanes Selbstbild aussieht. Achte dabei mehr auf das "Wie" als auf das "Was":

Wie sieht deine Kleidung aus? Sportlich, elegant, sachlich, abgetragen?
Wie ist es um deine Frisur bestellt? Ist sie modern, klassisch, frech, ungepflegt?
Ist dein Körper kräftig und wohlgeformt oder eher schlaff?
Wie sind deine Sprache und deine Wortwahl? Gebildet, sorgfältig, platt?
Wie benimmst du dich anderen gegenüber? Bist du hilfsbereit? Stehst du zu deinem Wort? Bist du höflich? Zeigst du Dankbarkeit? Beschwerst du dich ständig über physische Unannehmlichkeiten? Leidest du häufig?

Beobachte auf diese Art und Weise die Auswirkungen deines Selbstbildes ein Mal in der Woche.

2) Stell dich etwas breitbeinig auf den Boden. Stell dir nun vor, dass sich im Zentrum deiner Brust ein großer Edelstein befindet. Dieser Edelstein sendet Energieströme in deinen ganzen Körper. Diese Energieströme bewirken die Bewegungen deiner Beine, Arme, Füße, Hände und deines Kopfes. Auch deine Stimme entsteht so. Mach jetzt verschiedene Bewegungen, setz dich zum Beispiel hin, heb etwas auf oder zieh deine Jacke an. Stell dir dabei vor, dass diese Bewegungen dem Edelstein entspringen. Sag einige Worte. Stelle dir hierbei auch vor, dass der Edelstein die Energiequelle deiner Sprache ist. Mache diese Übung täglich. Dein Selbstbild wird sich durch diese Übung schon bald zum Positiven verändern.

Der Flaschengeist

Ist ein Glas Wasser, das zur Hälfte ausgetrunken ist, ein halb leeres Glas oder ein halb volles Glas? Beide Aussagen stimmen natürlich. Aber warum empfindet der eine Mensch das zur Hälfte gefüllte Glas als halb voll, während ein anderer Mensch das Glas als halb leer versteht? Beide betrachten von einem anderen Standpunkt aus. Der eine richtet seine Aufmerksamkeit auf die obere Hälfte des Glases, für den anderen steht die untere Hälfte im Vordergrund. Obwohl es sich um ein und dasselbe Glas handelt, sehen diese beiden Menschen das Objekt aus einer fast entgegengesetzten Perspektive.

Es ist natürlich trivial, wie man das oben erwähnte Glas Wasser wahrnimmt. Etwas anderes ist es, wenn es sich um Dinge und Zustände handelt, die einem auf die Nerven gehen. Dann nämlich, nimmt man eine Sache aus einer Perspektive wahr, die einem nicht gut tut. Glücklicherweise handelt es sich auch bei den so genannten negativen Dingen nur um Standpunkte, die man einfach ändern kann, indem man – ebenso wie beim Wasserglas – die andere Hälfte betont.

Dass man etwas als nervig wahrnimmt, bedeutet aber zunächst, dass man im Augenblick nur in der Lage ist, die negative Hälfte einer Sache wahrzunehmen, wobei man irrtümlicherweise selbst der Überzeugung ist, dass es sich nicht um eine negative Hälfte, sondern um ein negatives Ganzes handelt. Dass es auch eine positive Hälfte gibt, wird einem in dem Moment gar nicht bewusst. Sonst wäre es schließlich auch kein Problem. Die Kunst besteht also darin, zum einen festzustellen, dass es sich nur um eine Hälfte handelt. Der zweite Schritt besteht darin, die andere Hälfte zu entdecken. Als Letztes entscheidet man sich dann, seine Aufmerksamkeit dieser positiven Seite zu widmen. Die Technik geht so: Nehmen wir an, du bist genervt, weil der Weg in deinem Garten so vermoost ist. Du selbst hast wegen deiner vielen Arbeit keine Zeit, das Moos zu entfernen, und den anderen in deinem Haushalt scheint dieser Zustand gleichgültig zu sein. Niemand fühlt sich verantwortlich. Stell dir vor, du stehst am Strand und hast eine Flasche in der Hand. In diese Flasche steckst du alles, was dich an dieser Tatsache nervt: den vermoosten Weg, den Umstand, dass du selbst keine Zeit hast, den Weg zu reinigen, die Gegebenheit, dass es den anderen egal ist. Verschließ die Flasche in deiner Vorstellung mit einem Korken. Dann klebe ein Etikett auf die Flasche und schreibe darauf: Negative Hälfte. Wirf die Flasche in hohem Bogen ins Meer und schau zu, wie sie untergeht. Frage dich dann innerlich: "Was könnte an dieser Sache positiv sein?" Beantworte die Frage nicht. Schlafe eine Nacht darüber und schau dir am nächsten Tag den vermoosten Weg an. Frage dich nochmals: "Was könnte an diesem vermoosten Weg positiv sein?" Du wirst die Antwort wissen. Vielleicht ist es eine Anregung, endlich mal einen Weg zu finden, weniger zu arbeiten, um dich auch mal anderen Dingen im Leben zuwenden zu können (wie zum Beispiel der Pflege des Gartens).

Vielleicht entdeckst du, dass ein vermooster Weg ein vermooster Weg ist, weiter nichts.

Vielleicht siehst du, dass ein vermooster Weg nur von dir entmoost werden muss, um ein nicht vermooster Weg zu sein.

Vielleicht entmoost du den Weg und benutzt ein besonders schönes Stück Moos zum Dekorieren.

Die Möglichkeiten sind vielfältig. Du wirst den richtigen Blickwinkel finden: Es ist dein vermooster Weg.

Die Traumtreppe

Durch die Anwendung der vorherigen Technik hast du erfahren, dass Dinge und Situationen noch andere, unbekannte Seiten besitzen, obwohl man glaubte sie vollständig wahrgenommen zu haben. Wenn wir etwas wahrnehmen, nehmen wir immer einen Standpunkt ein. Was wir wahrnehmen, ist deshalb immer abhängig vom gewählten Standpunkt. Ändern wir den Standpunkt, entdecken wir völlig neue Details und Eigenschaften. Vergessen wir aber, dass wir bei unserer Wahrnehmung einen Standpunkt eingenommen haben, dann glauben wir die vollständige Realität einer Sache zu sehen. Das heißt, wenn du dir irgendeine Sache anschaust, kannst du immer nur einen Teil ihrer Existenz wahrnehmen. Und welchen Teil du gerade siehst, hängt vom bewusst oder unbewusst gewählten Standpunkt ab. Nicht nur die Dinge und Situationen in unserer Welt zeigen Teile ihrer gesamten Existenz, auch unsere Wirklichkeit selbst – unsere Welt –- hat völlig unbekannte Seiten.

Unsere gesamte Realität ist ein Teil einer viel größeren Wirklichkeit. Unsere gesamte Realität – so wie wir sie kennen – ist das Ergebnis eines bestimmten Standpunktes. Die Kultur, in der du lebst, deine Erziehung und deine Erfahrungen haben dich nach und nach genau zu dem Standpunkt geführt, an dem du jetzt stehst. Du kennst dadurch nur die Realität, die du jetzt wahrnimmst. Es gibt aber unendlich viele Standpunkte und dadurch auch unendlich viele Welten. Eine dieser Welten, die völlig anders sind als unsere Alltagswelt, ist die Traumwelt. Sie ist zwar eine Welt mit anderen Gesetzen und Möglichkeiten als unsere Welt, aber sie ist genau so real erfahrbar wie unsere Wachrealität. Du kannst sie völlig klar wahrnehmen - mit all deinen Sinnen. Du kannst frei in ihr handeln. Du kannst dort Erfahrungen machen und kreative Leistungen vollbringen.

Warum erleben wir das nicht so? Warum ist das Traum-Ich in einem verwirrten Dämmerzustand und hat die Erinnerungen an die Alltagswirklichkeit verloren? Die Antwort lautet: Unser Standpunkt erlaubt das nicht! Eine zweite Wirklichkeit, in der man leben und wirken kann, ist unvorstellbar. Das Ich hat einen physischen Körper in unserer Alltagswelt. Sollte außerhalb dieser Welt noch etwas existieren, dann liegt das auf jeden Fall außerhalb des Erfahrungsbereichs eines Menschen! Unser Standpunkt bringt unsere Alltagsrealität hervor und erlaubt keine zweite, erfahrbare Wirklichkeit. Wir halten den Ausblick eines einzigen, frei gewählten Standpunkts für die einzige Realität. Obwohl Standpunkte frei wählbar sind, ist es schwierig, einen anderen einzunehmen. Das ist so, weil unser Standpunkt fest in uns verankert ist. Es gelingt uns nicht ohne weiteres von dem Standpunkt, der unsere Alltagsrealität erzeugt, zu dem Standpunkt, der die Traumwirklichkeit ins Leben ruft, zu wechseln. Die beiden Standpunkte sind einfach zu konträr. Um diesen Wechsel dennoch zu bewirken, gehen wir die Sache stufenweise an. Die Technik dazu heißt "Traumtreppe", sie hat 7 Stufen:

7) Ich träume nicht.
6) Ich erinnere mich an manche Träumen.
5) Ich vermute, dass ich jetzt träume.
4) Ich prüfe, ob ich jetzt träume.
3) Ich nehme meine Traumwelt jetzt detailliert wahr.
2) Ich handle jetzt frei in meinen Träumen
1) Ich verstehe meine Träume, während ich träume.

Jede Stufe ist ein Standpunkt, der nicht weit entfernt von seinen benachbarten Standpunkten liegt. Gehen wir die Treppe Stufe für Stufe hinunter, dann machen wir das, was unmöglich schien, wahr: den Wechsel von Standpunkt 7 zu seinem konträren Standpunkt 1!

Stell dir vor dem Einschlafen vor, du stehst vor einer Treppe, die hinunter führt. Gehe eine Stufe hinab und sage im Geiste: "Sieben ... Ich träume nicht." Dann gehe eine Stufe hinunter und sage: "Sechs ... Ich erinnere mich an manche Träume." Gehe noch eine Stufe hinunter und sage: "Fünf ... Ich vermute, dass ich jetzt träume." Steige nach und nach eine Stufe tiefer und sage bei der jeweiligen Stufe: "Vier ... Ich prüfe, ob ich jetzt träume. Drei ... Ich nehme meine Traumwelt jetzt detailliert wahr. Zwei ... Ich handle jetzt frei in meinen Träumen." Bei "Eins" bist du auf dem Boden eines Raumes angekommen. Sage hier: "Eins ... Ich verstehe meine Träume, während ich träume." Schau dich um. Wo bist du? Es spielt keine Rolle, ob du etwas siehst oder nicht. Mache diese Übung jeden Abend vor dem Einschlafen.

Durch das Führen deines Traumbuches erinnerst du dich bestimmt an mindestens einen Traum pro Nacht. Schaue in deinem Buch nach, ob es eine Sache, eine Person oder einen Ort gibt, die oder der in deinen Träumen sehr häufig vorkommt. Nehmen wir einmal an, du träumst häufig davon, in Spanien zu sein. Der zweite Teil der Technik besteht für dich dann darin, immer, wenn du am Tag etwas erlebst, das mit Spanien zu tun hat, innerlich die folgende Aussage zu treffen: "Ich vermute, dass ich jetzt träume." Schau dich danach um und nimm deine Umgebung dabei sehr aufmerksam wahr. Mache dir keine Sorgen: Du weißt genau, dass du nicht träumst, du wirst die Alltagsrealität nicht mit der Traumwelt verwechseln. Es ist nur eine Übung, die die Möglichkeit, die Traumwelt bewusst erleben zu können, akzeptabel macht. Führe die Übung "Die Traumtreppe" und die Übung "Ich vermute, dass ich jetzt träume" über viele Monate fort.

Das Goldsieb

Diese Technik verbindet die beiden Welten miteinander. Sie macht es dir möglich, auf den schmalen Pfad zwischen Alltagsrealität und Traumrealität zu gelangen. Mit anderen Worten: Sie ermöglicht das Aufwachen im Traum. Prüfe etwa zwölf Mal am Tag, ob du träumst oder nicht, indem du die folgenden vier Aufgaben erledigst:

1) Sage dir in Gedanken: "Ich prüfe, ob ich jetzt träume.”

2) Stelle dir die folgende Frage: "Was tue ich?" Beantworte die Frage, beschreibe, was du tust, zum Beispiel: "Ich wasche meine Hände" oder "Ich wandere im Wald". Frage dich dann: "Ist das normal?" Prüfe, ob das, was du gerade tust, normal, merkwürdig oder unmöglich ist.

3) Stelle dir die folgende Frage: "Was sehe ich?" Beantworte die Frage, beschreibe, was du wahrnimmst. Zum Beispiel: "Ich sehe zwei Mäuse" oder "Ich sehe einen Menschen, der sich aufregt". Frage dich dann: "Ist das normal?" Prüfe, ob das, was du gerade siehst, normal, merkwürdig oder unmöglich ist.

4) Stelle dir die folgenden Fragen: "Wo war ich vorher? Und davor? Und davor?" Beantworte die Fragen, beschreibe, wo du vorher warst. Zum Beispiel: "Ich war zu Hause und habe vor dem Fernsehen gesessen. Zuvor fuhr ich mit dem Auto nach Hause. Davor habe ich im Betrieb mit dem Chef gesprochen." Frage dich dann: "Ist das normal?" Prüfe, ob die Übergänge vom einem Ort zum anderen normal, merkwürdig oder unmöglich sind.

Führe diese Überprüfungen, um festzustellen, ob du träumst oder nicht, nicht durch, wenn du deine volle Aufmerksamkeit für das, was du gerade tust, benötigst.

Etwa bei der Arbeit mit einer Kreissäge. Auch hier gilt, dass du, wenn du diese Überprüfungen tagsüber durchführst, natürlich weißt, dass du wach bist. Kontrolliere trotzdem alles gewissenhaft, als würde es sich wirklich um einen Traum handeln. Dein Traum-Ich wird sich nach einer Woche oder vielleicht auch erst nach einem Monat in irgendeinem Traum diese Fragen stellen. Und bei der Überprüfung, ob alles normal ist oder nicht, wirst du in deinem Traum aufwachen: Du wirst wissen, dass du träumst. Du hast – wie ein Goldwäscher am Goldsieb – nach einem oder mehreren Monaten harter Arbeit den Goldklumpen gefunden! Das Abenteuer kann beginnen.

Zickzack

Du bist gerade in einem Traum zum klaren Bewusstsein gekommen. Dieser Zustand wird in der einschlägigen Literatur "Wachtraum", "Klartraum", "Luzider Traum" oder auch "Lucid Dream" genannt. Wenn es das erste Mal ist, dass du in den bewussten Traumzustand eintrittst, dann ist das ein aufregendes Erlebnis. Versuche aber, ruhig zu bleiben, sonst wirst du in deinem Bett aufwachen. Als Erstes solltest du testen, ob du auch wirklich träumst. Tue etwas, was im Wachleben unmöglich ist. Versuche zum Beispiel, deine Hand durch eine Wand zu stecken, im Traum ist das ohne weiteres möglich. Mach dir bewusst, dass alles um dich herum ein Traum ist. Es kann dir nichts passieren. Dein Körper liegt im Bett und schläft. Dir stehen alle Möglichkeiten offen, du kannst machen, was du willst. Möchtest du den Traum beenden, erreichst du das, indem du einen Gegenstand oder eine Person fixierst. Schaue mit starrem Blick auf einen Punkt. Schon nach wenigen Sekunden wirst du aufwachen. Es ist hilfreich, dies zu wissen, falls du das Gefühl verspürst, einer Situation mal nicht gewachsen zu sein. Das ist aber unwahrscheinlich, weil dir niemand wirklich Leid zufügen kann, wenn du es nicht willst.

Der Wachtraum ist ein wesentlich gewöhnlicheres Phänomen, als man vermutet. Es gibt eine Menge Veröffentlichungen und Forschungen zu diesem Thema. Viele Menschen erleben diesen Zustand hin und wieder spontan. Und die meisten von uns haben beim Aufwachen aus einem Albtraum für einige Momente erlebt, dass die Bewusstwerdung des Traumzustandes genutzt wurde, um aufzuwachen. Gerade aber Albträume sind für den Kreativträumer eine Riesenchance, große positive Änderungen in seinem Leben herbeizuführen. Da man weiß, dass es sich nur um einen Traum handelt, kann man anders reagieren als gewöhnlich. Etwa dem Monster, das einen jagte, entgegenzutreten und es zur Rede zu stellen. Oder einen Fall in einen Flug zu verwandeln.

Zurück zum Moment, in dem dir bewusst wird, dass du dich in einem Traum befindest. Bleib ruhig, damit du nicht aufwachst. Die Kunst besteht jetzt darin, dein klares Bewusstsein zu behalten, denn es passiert sehr leicht, dass man es wieder verliert. Lässt du dich ablenken, dann verlierst du dich wieder in unkontrolliertes Träumen. Werden die Emotionen zu stark, wachst du in deinem Bett auf. Die Technik "Zickzack" bewirkt das Wachbleiben im Traumzustand. Betrachte die Details deiner Traumumgebung genau. Lass deinen Blick von Gegenstand zu Gegenstand springen. Halte deine Augen in Bewegung. Sammle viele Eindrücke, um dir so ein vollständiges Bild von dem Ort, an dem du dich befindest, zu machen. Erinnere dich immer wieder daran, dass du träumst. Hast du die Techniken eins bis acht in diesem Buch schon über längere Zeit geübt, wird es dir nicht schwer fallen, ein klares Bewusstsein zu behalten, denn sie befreien dich von folgenden acht Fesseln:

1) Das Alltagsbewusstsein
2) Die Logik
3) Der innere Dialog
4) Die Gewohnheit
5) Die Angst
6) Das Selbstbild
7) Der Standpunkt
8) Das Weltbild

Durch die Techniken aus dem ersten und dem zweiten Buch hast du außerdem die Fähigkeit zur Konzentration und zur Achtsamkeit erworben, die beide hilfreich sind, um im Traum bei Bewusstsein zu bleiben. Es passiert relativ häufig, dass man sich in einem Wachtraum befindet und dann plötzlich im Bett aufwacht. Es handelt sich dann nicht um ein echtes Erwachen, sondern um ein "falsches Erwachen": Man träumt nur, dass man aufwacht. Dies kann sogar mehrere Male hintereinander passieren. Kontrolliere deshalb nach einem Wachtraum immer, ob das anschließende Erwachen echt ist oder ob es sich um einen neuen Traum handelt. Im zweiten Fall hast du dann nämlich die Möglichkeit, deinen Wachtraum fortzusetzen.

Zwei Flügel

Hast du Übung darin, in deiner Traumwelt bei Bewusstsein zu bleiben, dann kannst du zum Handeln übergehen. Die Möglichkeiten sind nahezu unbegrenzt, aber eine Fähigkeit solltest du unbedingt entwickeln: das Fliegen oder Schweben. Fliegen ist eine Tätigkeit, die im Wachleben unmöglich ist, weshalb es dir ein neues Gefühl der Freiheit geben wird. Auch gibt dir das Fliegen die Möglichkeit, schnell zu reisen, unbeliebte Gegenden zu meiden oder unerwünschte Konflikte problemlos zu beenden. Es gibt viele Arten zu fliegen, zum Beispiel: schweben, gleiten wie ein Vogel oder fliegen wie eine Rakete. Probier es aus. Finde heraus, wie du lenken kannst. Jeder kann seine eigene Technik entwickeln. Beobachte im Wachleben Flugzeuge, Vögel, wehende Blätter und andere fliegende oder schwebende Objekte. Versuche, nachzuempfinden, wie die Bewegung sich anfühlt. Stelle dir vor, dich im Traum auf die wahrgenommene Art fortzubewegen. Lass dir Flügel wachsen!

Der Goldene Schlüssel

Du kannst in deinen Wachträumen viele Abenteuer erleben, die Spaß machen. Aber damit diese Art zu träumen auch einen Wert für dein Wachleben hat, solltest du die Technik "Der Goldene Schlüssel" anwenden. Sie macht deine Traumabenteuer zu wertvollen Erfahrungen, die dein Leben bereichern und die dir helfen, mehr innerliche Einheit herzustellen. Diese Technik besteht aus dem Stellen einer Frage: "Kann ich etwas für dich tun?"

Wirst du in einem Wachtraum von irgendjemandem oder irgendetwas bedroht, dann tritt dem Feind immer entgegen und stelle die Frage "Kann ich etwas für dich tun?". Oft verschwindet dann schon die Bedrohlichkeit des Feindes: Der wütende Elefant schrumpft zum Beispiel zur kleinen Maus zusammen. Vielleicht stellt der Feind auch eine Forderung. Findest du die Forderung akzeptabel, dann lasse dich darauf ein. Möchtest du der Forderung nicht nachkommen, dann sage ihm das. Vielleicht entwickelt sich ein längeres Gespräch und ihr werdet euch einig. Greift der Feind dich an, dann kämpfe, bis du siegst. Es kann dir nichts passieren, es ist ein Traum!

Begegnest du einer freundlichen Person oder einem wohlwollenden Wesen, dann stelle ebenso die Frage "Kann ich etwas für dich tun?". Abhängig davon, welche Antwort du bekommst, kannst du dich entscheiden, das zu tun, worum gebeten wird, oder auch nicht. Sei im Prinzip aber hilfsbereit.

Der Große Helfer

Diese Technik bringt dich mit deiner Quelle der Inspiration in Kontakt. Du wirst in deinen Träumen immer häufiger auf hilfsbereite Traumfiguren treffen. Auch wird nach und nach eine Struktur in deinen Träumen sichtbar. Statt Traumerlebnisse zu haben, die kaum zusammenhängen, werden die Geschehnisse mehr und mehr an Bedeutung gewinnen. Deine Quelle der Inspiration wird auch dafür sorgen, dass du in deinen Träumen die für dein Leben nötigen kreative Impulse findest. Die folgende Technik macht deine Wachtraumerlebnisse kreativ. Stelle dir die Fragen:

Von wem würde ich lernen wollen?
Wen sehe ich als absoluten Meister auf dem Gebiet, auf dem ich mich entfalten möchte?
Wessen Instruktionen würde ich gern befolgen?

Denke einige Wochen darüber nach. Stelle fest, welches Gebiet das wäre. Wenn du die Antwort nicht findest, hilft dir vielleicht die Technik "Die Dritte Pyramide" aus dem zweiten Buch. Stelle fest, welche Person das sein könnte. Lese Kurzbiographien, wenn du dich nicht entscheiden kannst. Dein "Großer Helfer" kann eine lebende Person sein. Sie kann aber ebenfalls eine bereits verstorbene oder sogar eine fiktive Person sein: Einstein, Buddha, Jeanne d'Arc, Musashi, Pablo Picasso, Batman, ...

Hast du dich entschieden, wer dein persönlicher Berater werden soll, dann schreib einen Brief:

Lieber ... (Buddha, Picasso ...)!

Ich möchte mich auf dem Gebiet der ... (Philosophie, Malerei ...) entfalten. Bitte werde mein persönlicher Berater und hilf mir, selbst die Meisterschaft zu erlangen. Bitte nutze meine Träume, um mich zu instruieren und mir zu helfen. Lieber ..., ich danke dir von Herzen, dass du mich in meinen Träumen beraten und mir geholfen hast.

Alles Liebe,

(Dein Name)

Es ist wichtig, dass du die letzte Zeile "ich danke dir ..." so schreibst, als ob deine Bitte schon erfüllt wurde. Lerne den Text deines Briefes auswendig und leg den Brief abends unter dein Kopfkissen. Wiederhole den Text im Geiste drei Mal. Tu dies an drei aufeinander folgenden Abende. Von diesem Zeitpunkt an wirst du die Unterstützung und Beratung erhalten, um die du gebeten hast. Immer wenn du eine besondere Frage hast oder die Lösung für ein spezielles Problem benötigst, schreibst du deine Frage oder Bitte auf einen Zettel und richtest diese an deinen großen Helfer. Der Aufbau dieses kleinen Briefes sollte ähnlich wie im oben angeführten ersten Brief aussehen. Lege auch diese Zettel abends unter das Kopfkissen und wiederhole die Frage oder Bitte im Geiste drei Mal. Noch in derselben Nacht wirst du die Antwort oder Lösung erhalten. Folge den Ratschlägen, die du im Traum bekommst. In deinem Wachleben wirst du glückliche Zufälle erleben, die dich vorwärts bringen werden. Du wirst den richtigen Menschen zum richtigen Zeitpunkt begegnen.

Zeige Dankbarkeit für die Hilfe, die du im Traum und in der Alltagswirklichkeit empfängst. Hilf anderen, wenn sie dich um Hilfe oder Rat bitten, und zwar im Traum und in der Alltagswirklichkeit.

Übersicht 3

TECHNIK	ASTROLOGIE	HERZPRINZIP	ERGEBNIS
Geheimer Garten	Widder	Traum-botschaft	Träume verstehen
Magischer Hintergrund	Stier	Omen	Zeichen erkennen
Perlenkette	Zwillinge	Gedanken	Inneres Schweigen
Tonkrug	Krebs	Verhalten	Routine unterbrechen
Löwen-haltung	Löwe	Selbst-vertrauen	Neue Reaktion
Edelstein	Jungfrau	Selbstbild	Neues Selbstbild
Flaschen-geist	Waage	Standpunkt	Neuer Standpunkt
Traumtreppe	Skorpion	Weltbild	Neues Weltbild
Goldsieb	Schütze	Übung	Aufwachen im Traum
Zickzack	Steinbock	Beherrschung	Wach bleiben im Traum
Zwei Flügel	Wassermann	Freiheit	Fliegen im Traum
Goldener Schlüssel	Fische	Einheit	Lernen im Traum
Großer Helfer	–	Inspiration	Hilfe im Traum

IV. Buch

Dein Weg zur Wunscherfüllung

Einleitung

Auf den ersten drei Wegen findest du Erfolg, neue Wahrnehmung und den kreativen Traum. Diese drei Errungenschaften stehen in Beziehung zu den drei Zeitaspekten deines Lebens: zu deiner Zukunft, deiner Gegenwart und deiner Vergangenheit. Durch den Traum bist du verbunden mit deiner Vergangenheit. Durch die Sinneswahrnehmung bist du verbunden mit deiner Gegenwart. Deine Visionen schließlich verbinden dich mit deiner Zukunft. Traum, Sinneswahrnehmung und Vision sind die drei Hauptpfeiler deines Bewusstseins. Durch sie erfährst du dein Leben als eine Einheit in einer physischen Welt, die dein Verstand die Wirklichkeit nennt. Die Übungen aus den ersten drei Büchern bewirken nicht nur Erfolg, neue Wahrnehmung und kreatives Träumen. Sie lockern außerdem die Fesseln deines Verstandes und machen ihn sozusagen transparenter für die Wahrnehmung einer zweiten Wirklichkeit. In dieser Transparenz leuchten drei Zentren auf: Die Imagination, die Intuition und die Inspiration. Diese drei Zentren sind Empfangsstationen für Wirkungen und Informationen aus der zweiten Wirklichkeit, aus der geistigen Welt. Diese geistige Welt besteht aus zwei voneinander getrennten Regionen: das Unterbewusste und das Überbewusste. In diesem Buch lernst du ein bisher unveröffentlichtes Symbol kennen, welches das Tor zu der unteren Region der geistigen Welt öffnet. Eine Umsetzung der Impulse aus der geistigen Welt ist schließlich das Ziel dieser Methode, die an Menschen weitergegeben wird, die eine innere Entwicklung anstreben, aber dabei mitten im Leben stehen wollen. In diesem Buch lernst du die zehn Kräfte des magischen Willens kennen:

– Die sieben Punkte des Geistes. (Es handelt sich um sieben Punkte auf unserem Körper, die nicht mit den sieben klassischen Chakren korrespondieren.)

– Das Symbol der Weisheit, dieses stellt gleichzeitig eine Zahl und eine Figur dar. In Kombination mit den sieben Punkten des Geistes öffnet es das Tor zur zweiten Wirklichkeit.

– Der geistige Helfer. Er ist eine Kraft im Unterbewussten, der dir deine Wünsche erfüllen kann.

– Das geistige Juwel.

Die drei Gegner

Wenn du das Symbol der Weisheit anwendest, wird der Moment kommen, dass du in der geistigen Welt aufwachst. Was dann genau passieren wird, hängt davon ab, welche Stärken und Schwächen du hast. Du wirst mit Sicherheit einige Sachen lernen müssen. Aber früher oder später wirst du eine Reise anfangen, eine Reise mit einem ganz bestimmten Ziel. Bevor du die Reise antreten kannst, gilt es, drei Gegner zu besiegen: Die Trägheit, die Unachtsamkeit und die Angst. Die Techniken aus den ersten drei Büchern haben dich hierauf vorbereitet:

Auf dem Weg zum Erfolg hast du Tatkraft entwickelt. Es sind die Techniken "Konkretisierung" und "rhythmische Wiederholung" aus dem ersten und die Technik "Schmetterlingspunkt" aus dem zweiten Buch, die diese Qualität besonders fördern.
Auf dem Weg zur neuen Wahrnehmung hast du deine Achtsamkeit trainiert. Die Techniken "Separation" und "Collage" aus dem zweiten Buch sind hierfür sehr geeignet.
Auf dem Weg zum kreativen Traum schließlich hast du Mut gesammelt. Insbesondere die Techniken "Löwenhaltung" und "goldener Schlüssel" helfen dir, ihn zu entwickeln.

Wie sieht die zweite Wirklichkeit aus? Was erwartet einen dort? Es gibt eine Menge Quellen und Geschichten, die in symbolischer Form beschreiben, was einem in der geistigen Welt widerfährt: Mythen, Sagen, Tarotkarten, alchemistische Rezepte, Märchen und sogar Bücher und Filme aus unserer Zeit. Was viele für bloße Phantasie halten, sind in Wahrheit Beschreibungen der zweiten Wirklichkeit und Richtlinien für den Aufenthalt im Reich des Geistes. Um zu verstehen, was diese Erzählungen wirklich bedeuten, musst du deren Symbolsprache lernen. Weiter unten findest du eine Liste von Märchen und anderen

Schilderungen, die es wert sind, studiert zu werden. Lese sie mehrmals, denke über sie nach, analysiere sie! Nutze eventuell Techniken aus dem zweiten Buch, um Antworten zu finden.

Grimms Märchen wie:
– Der Froschkönig oder der eiserne Heinrich
– Märchen von einem, der auszog, das Fürchten zu lernen
– Hänsel und Gretel
– Die weiße Schlange
– Das tapfere Schneiderlein
– Frau Holle
– Der goldene Vogel
– Der Geist im Glas
– Der gelernte Jäger
– Der Eisenhans
– Das Waldhaus
– Der Trommler
– Jorinde und Joringel

Von den vielen Märchen aus anderen Ländern sind zum Beispiel "Das Feuerzeug" von Hans Christian Andersen und "Aladin und die Wunderlampe" aus der orientalischen Märchensammlung "Tausendundeine Nacht" sehr aufschlussreich. In unserer Zeit gibt es Romane und Filme wie "Der Graf von Monte Christo", die in Bildersprache von Geschehnissen in der anderen Wirklichkeit berichten. In dieser Geschichte zum Beispiel rächt sich der Titelheld an seinen drei Gegnern, die ihn durch eine Intrige hinter Gitter gebracht haben. Die drei Gegner werden in den Märchen oft dargestellt als drei Riesen, die besiegt oder überlistet werden müssen, wie zum Beispiel im Märchen "Der Trommler". Im Märchen "Das tapfere Schneiderlein" sind es nicht drei Riesen, die sich der Hauptfigur in den Weg stellen. Hier wird das Thema durch einen Riesen dargestellt, der den Helden drei Mal auf die Probe stellt:

[...] Der Weg führte ihn auf einen Berg, und als er den höchsten Gipfel erreicht hatte, so saß da ein gewaltiger Riese und schaute sich ganz gemächlich um. Das Schneiderlein ging beherzt auf ihn zu, redete ihn an und sprach: "Guten Tag, Kamerad, gelt, du sitzest da und besiehst dir die weitläufige Welt? Ich bin eben auf dem Wege dahin und will mich versuchen. Hast du Lust, mitzugehen?" Der Riese sah den Schneider verächtlich an und sprach: "Du Lump! du miserabler Kerl!"
"Das wäre!", antwortete das Schneiderlein, knöpfte den Rock auf und zeigte dem Riesen den Gürtel, "da kannst du lesen, was ich für ein Mann bin." Der Riese las: "Siebene auf einen Streich", meinte, das wären Menschen gewesen, die der Schneider erschlagen hätte, und kriegte ein wenig Respekt vor dem kleinen Kerl. Doch wollte er ihn erst prüfen, nahm einen Stein in die Hand, und drückte ihn zusammen, dass das Wasser heraustropfte.
"Das mach mir nach", sprach der Riese, "wenn du Stärke hast."
"Ist's weiter nichts?", sagte das Schneiderlein, "das ist bei unsereinem Spielwerk", griff in die Tasche, holte den weichen Käs und drückte ihn, dass der Saft herauslief. "Gelt", sprach er, "das war ein wenig besser?" Der Riese wusste nicht, was er sagen sollte, und konnte es von dem Männlein nicht glauben. Da hob der Riese einen Stein auf und warf ihn so hoch, dass man ihn mit Augen kaum noch sehen konnte. "Nun, du Erpelmännchen, das tu mir nach."
"Gut geworfen", sagte der Schneider, "aber der Stein hat doch wieder zur Erde herabfallen müssen. Ich will dir einen werfen, der soll gar nicht wiederkommen", griff in die Tasche, nahm den Vogel und warf ihn in die Luft. Der Vogel, froh über seine Freiheit, stieg auf, flog fort und kam nicht wieder. "Wie gefällt dir das Stückchen, Kamerad?", fragte der Schneider. "Werfen kannst du wohl", sagte der Riese, "aber nun wollen wir sehen, ob du imstande bist, etwas Ordentliches zu tragen." Er führte das Schneiderlein

zu einem mächtigen Eichbaum, der da gefällt auf dem Boden lag, und sagte: "Wenn du stark genug bist, so hilf mir, den Baum aus dem Wald heraustragen."
"Gerne", antwortete der kleine Mann, "nimm du nur den Stamm auf deine Schulter, ich will die Äste mit dem Gezweig aufheben und tragen, das ist doch das Schwerste." Der Riese nahm den Stamm auf die Schulter, der Schneider aber setzte sich auf einen Ast, und der Riese, der sich nicht umsehen konnte, musste den ganzen Baum und das Schneiderlein noch obendrein forttragen. Es war dahinten ganz lustig und guter Dinge, pfiff das Liedchen "Es ritten drei Schneider zum Tore hinaus", als wäre das Baumtragen ein Kinderspiel. Der Riese, nachdem er ein Stück Wegs die schwere Last fortgeschleppt hatte, konnte nicht weiter und rief: "Hör, ich muss den Baum fallen lassen." Der Schneider sprang behändiglich herab, fasste den Baum mit beiden Armen, als wenn er ihn getragen hätte, und sprach zum Riesen: "Du bist ein so großer Kerl und kannst den Baum nicht einmal tragen." [...]

In der ersten Probe wird Wasser aus einem Stein gepresst. Hier geht es um die Kraft der Hände – um die Tatkraft –, die das Phlegma (Wasser) aus der Materie austreibt. Die Stoßkraft des Willens überwindet die Trägheit. In der zweiten Probe wird ein Stein zum Vogel. Hier wird die Schwere des Erdelementes überwunden. Die Auflösung fester Wahrnehmungsmuster (Stein) macht eine intuitive Wahrnehmung (Luft) möglich. Der beschränkte Wahrnehmungskreis auf der Erde weicht der Vogelperspektive. In der dritten und letzten Probe pfeift der Schneider ein Lied. Hier beweist er seine Furchtlosigkeit und besiegt so den dritten Gegner: die Angst.
(Auch kann man die drei Proben, als die Aktivierung der drei Ringe der Kraft – siehe Buch 5 – verstehen.)
Auch im Märchen "Frau Holle" muss die Hauptperson – diesmal eine weibliche – drei Prüfungen bestehen. Sie holt

Brote aus einem heißen Backofen. Hier ist schnelles Anpacken gefragt. Danach sammelt sie alle Äpfel von einem Baum, was Aufmerksamkeit und wache Wahrnehmung erfordert. Schließlich überwindet sie ihre Angst vor Frau Holle und tritt in deren Haus ein. So werden auch hier die Eigenschaften Tatkraft, Achtsamkeit und Mut auf die Probe gestellt. (Auch hier ist es noch aufschlussreicher, diese drei Handlungen als die Aktivierung der drei Ringe der Kraft aufzufassen.)

Das Tor zur zweiten Wirklichkeit

Die geistige Welt ist unermesslich groß. Sie besteht, wie schon gesagt, aus zwei Regionen. Die untere Region ist die Welt des Unterbewussten, die obere Region die Welt des Überbewussten. Erstere könnte man die Sphäre der Wünsche nennen, während die zweite mehr die Sphäre der Wunder ist. Das Tor zur zweiten Wirklichkeit ist verschlossen. Um es zu öffnen, bedarf es einer Art Schlüssel. In verschiedenen Märchen wird dieser Schlüssel andeutungsweise beschrieben. Im Märchen "Jorinde und Joringel" öffnet Joringel die Pforte eines alten Schlosses mit Hilfe einer blutroten Blume, in deren Mitte eine schöne große Perle ist. Gefunden hat er die Blume, nachdem er neun Tage gesucht hat. In "Frau Holle" muss die Hauptfigur an einem Brunnen sitzen und dort spinnen. Sie springt in den Brunnen, um eine heruntergefallene Spule herauszuholen, dabei verliert sie die Besinnung und erwacht auf einer schönen Wiese, auf der viele tausend Blume stehen. Danach besteht sie die drei im vorigen Kapitel beschriebenen Proben und wird am Ende der Geschichte mit Gold belohnt.

Im Märchen "Die Königstöchter im Blauen Berge" gräbt ein Soldat auf einem Hügel einen viereckigen Soden aus, entfernt eine Steinplatte, geht durchs Wasser, danach durchs Feuer und gelangt schließlich in eine andere Welt. Dort betritt er ein goldenes Schloss. In drei Sälen, der erste aus Kupfer, der zweite aus Silber und der dritte aus Gold, besiegt er die dort wohnenden Trolle. Hier tauchen die drei Prüfungen wieder auf. Kupfer, Silber und Gold erinnern an die üblichen Auszeichnungen bei organisierten Wettkämpfen wie den Olympischen Spielen.

In Andersens Märchen "Das kleine Mädchen mit den Schwefelhölzern" zündet ein Kind am Silvesterabend fünf

Mal Streichhölzer an, bevor es ins neue Jahr und in eine neue Welt eintritt. In "Ali Baba und die vierzig Räuber" ist es ein Spruch, der die Tür in einem Felsen öffnet und den Weg zu einem Schatz freigibt.

Wenn alle Aussagen richtig sind, hat der Schlüssel zum Tor der zweiten Wirklichkeit die folgenden Eigenschaften:

a) Er hat die ungefähre Form einer Blume mit einer Perle im Zentrum.

b) Der Schlüssel hat zu tun mit der Durchwanderung der Elemente Erde, Wasser und Feuer.

c) Das Drehen des Schlüssels gleicht dem fünfmaligen Anzünden von Streichhölzern.

d) Die Betätigung des Schlüssels gleicht ebenfalls dem Spinnen eines Fadens. Etwas, das einer Spule ähnelt, sammelt den gesponnenen Faden.

e) Der Schlüssel ähnelt einem Namen oder einem Spruch.

In den nächsten Kapiteln wirst du sehen, dass das Symbol der Weisheit all diesen Anforderungen entspricht.

Die Entdeckung des Schlüssels

Auf den nächsten Seiten wird das genaue Aussehen des Schlüssels und seiner Funktion beschrieben. In seiner statischen Form ist der Schlüssel eine Figur mit sieben Punkten. Diese Punkte sind "Die sieben Punkte des Geistes". Sie befinden sich alle auf unserem Körper und korrespondieren mit sieben Akupunkturpunkten. In seiner dynamischen Form ist der Schlüssel eine Art von Rezitation, bei der die Aufmerksamkeit in einer endlosen Schleife die fünf Punkte der fünf Elemente durchwandert. Die Energie, die dabei entsteht, sammelt sich um die Achse zwischen dem sechsten und siebten Punkt. Es bildet sich dort ein Strudel, der das Bewusstsein in sich hineinzieht und in die zweite Wirklichkeit projiziert. Es ist sehr wichtig, dass du dich mit diesem Schlüssel auseinander setzt, bevor du ihn benutzt. Es genügt nicht, nur über ihn zu lesen und die Aussagen zu verstehen. Erweitere dein Wissen um diesen Schlüssel. Analysiere den Inhalt der nächsten Seiten genau. Zeichne die Abbildungen nach. Lerne die Zusammenhänge auswendig. Verknüpfe sie mit schon vorhandenem Wissen. Lese verschiedene Märchen und schau, ob du Teile des Schlüssels wiedererkennst. Suche nach Vorfällen in deinem Leben, die mit ihm zu tun haben könnten.

Illustration 11

a) Der Schlüssel ähnelt einer blutroten Blume mit einer Perle in der Mitte. Hier ist der betreffende Ausschnitt aus dem Märchen "Jorinde und Joringel":

[...] Endlich träumte er einmal des Nachts, er fände eine blutrote Blume, in deren Mitte eine schöne große Perle war. Die Blume brach er ab, ging damit zum Schlosse: alles, was er mit der Blume berührte, ward von der Zauberei frei: auch träumte er, er hätte seine Jorinde dadurch wiederbekommen. Des Morgens, als er erwachte, fing er an, durch Berg und Tal zu suchen, ob er eine solche Blume fände; er suchte bis an den neunten Tag, da fand er die blutrote Blume am Morgen früh. In der Mitte war ein großer Tautropfe, so groß wie die schönste Perle. Diese Blume trug er Tag und Nacht bis zum Schloss. Wie er auf hundert Schritt nahe bis zum Schloss kam, da ward er nicht fest, sondern ging fort bis ans Tor. Joringel freute sich hoch, berührte die Pforte mit der Blume, und sie sprang auf [...]

Nun ist die heraldische Rose eine zinnoberrote Blume mit fünf Blättern. Der Butzen ist gold- oder silberfarben. Die gesuchte Figur ist also möglicherweise fünfstrahlig oder hat fünf Glieder. Gehen wir einmal davon aus, dass das richtig ist.

Illustration 12

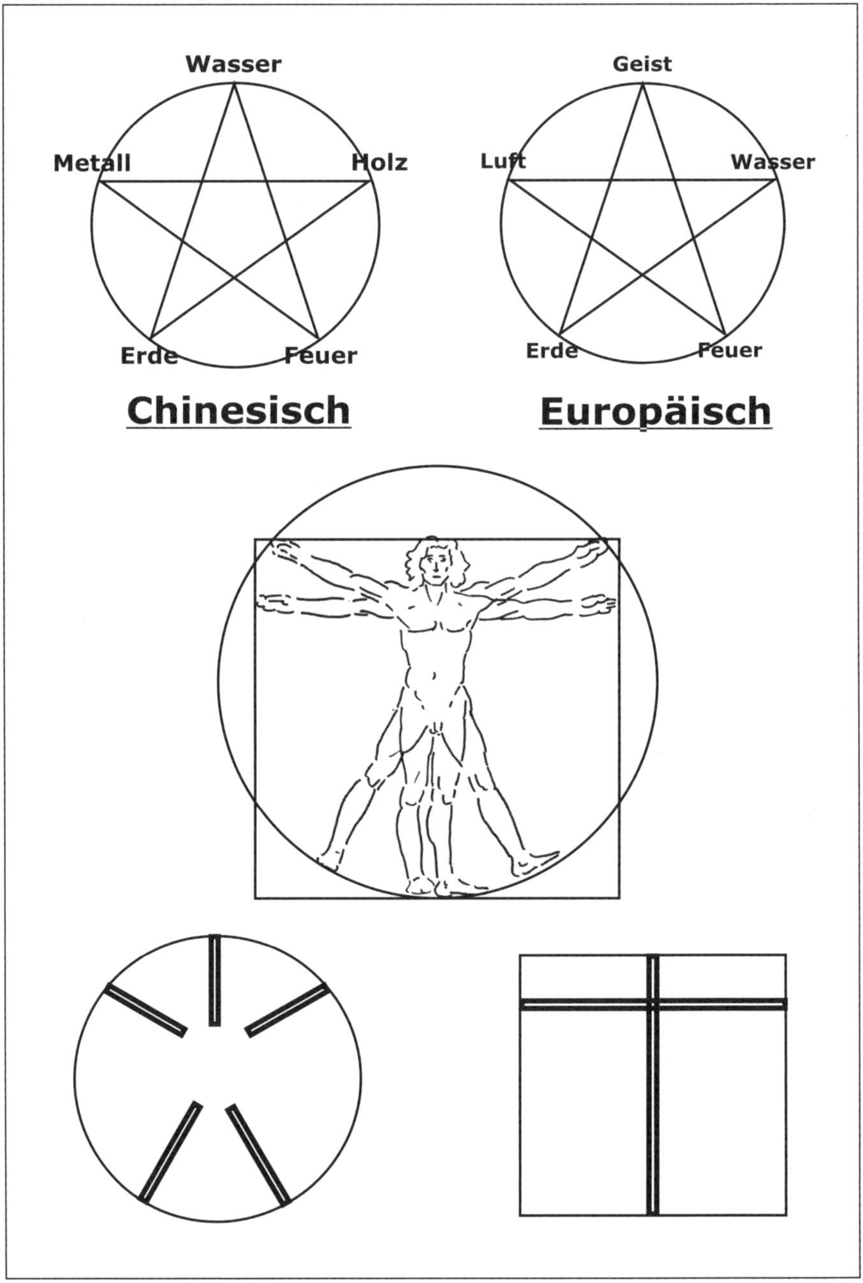

b) Um in die geistige Welt zu gelangen, muss man zuerst die Elemente Erde, Wasser und Feuer passieren, wie das Märchen "Die Königstöchter im Blauen Berge" berichtet.

Kombiniert man die "fünfstrahlige Figur" mit den Elementen, dann fällt einem sofort die zyklische Anordnung der fünf chinesischen Elemente ein. Sie ist in Illustration 12 abgebildet. Auch in unserer Kultur kennt man eine Zuordnung der Elemente zu dem fünfstrahligen Stern. So war bei den Gnostikern dieser Stern selbst das Symbol der fünf Elemente, aus denen die Welt besteht. Auch die Kirche verwendet den Fünfstern als Symbol, wie beispielsweise am Turm der Marktkirche in Hannover, an der er riesengroß angebracht wurde. Die abendländische Anordnung der Elemente weicht von der chinesischen Anordnung ab, wie du in Illustration 12 feststellen kannst. Sie ist aber logisch, wie du später noch sehen wirst. Das fünfte Element, "Geist", wird in manchen Quellen auch "Äther" oder "Licht" genannt.

Eine der bekanntesten Zeichnungen von Leonardo da Vinci ist die Abbildung eines doppelten Menschen innerhalb eines Kreises und eines Vierecks. Im Viereck bildet sein Körper die Form eines Kreuzes, dies stellt den physischen Leib in einer materiellen Welt dar. Weiter hat sein Körper die Form eines Fünfsterns innerhalb eines Kreises. Es versinnbildlicht den geistigen Menschen in einer geistigen Welt. Auffällig ist, dass der Mittelpunkt des Vierecks mit dem Geschlechtsteil zusammenfällt. Das Geschlecht ist für einen Menschen das Tor zur physischen Welt. Der Mittelpunkt des Kreises liegt hingegen beim Bauchnabel. Wir werden später noch feststellen, dass dieser Punkt das Tor zur geistigen Welt ist.

Illustration 13

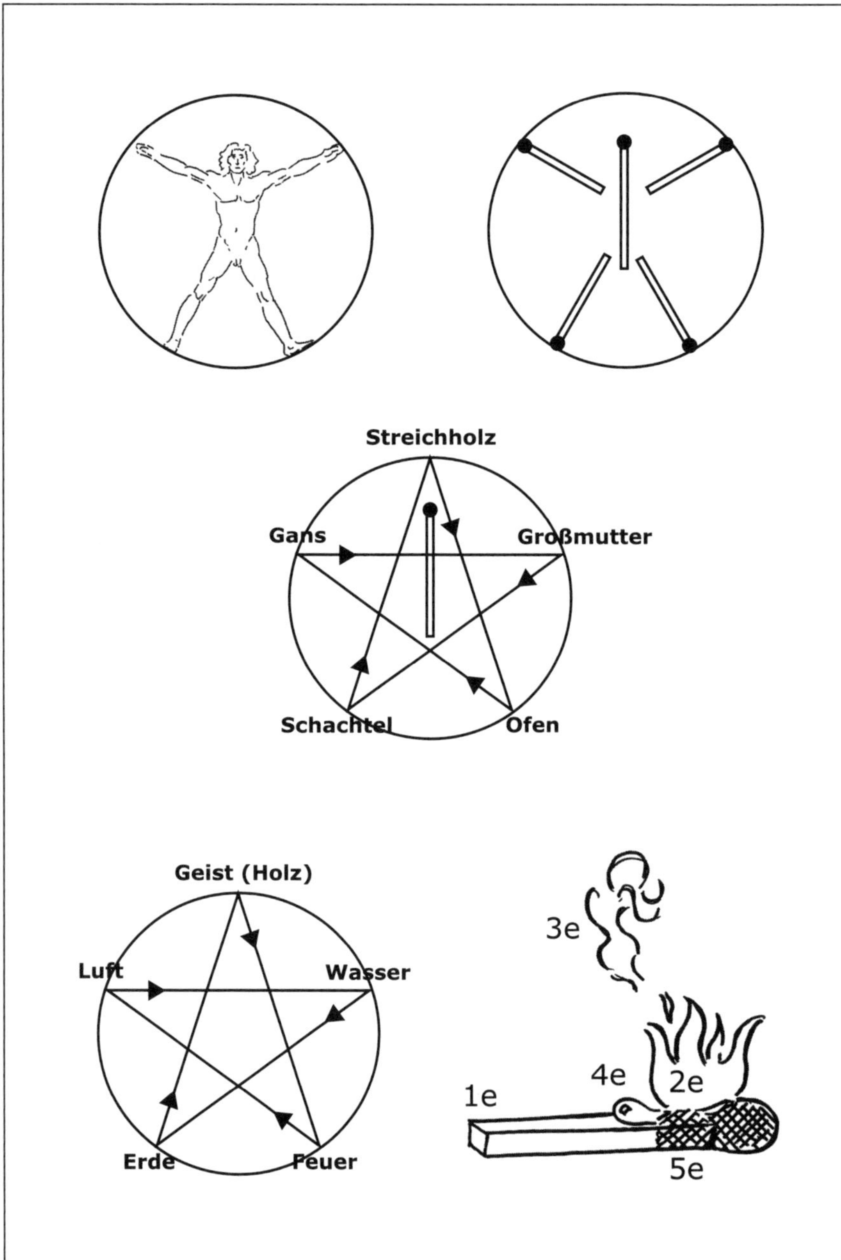

c) Um in die neue Welt einzutreten, muss man fünf Mal ein Streichholz anzünden.

Im Märchen "Das kleine Mädchen mit den Schwefelhölzern" werden fünf Mal Streichhölzer angezündet. Leonardo da Vincis "Geistiger Mensch" und die Streichholzfigur in Illustration 13 haben eine auffallende Ähnlichkeit. Das zentrale Streichholz stellt die Wirbelsäule mit dem Schädel da. Das Mädchen erlebt nacheinander Folgendes:

1. Es zündet ein Streichholz an.
2. Es sieht einen Ofen.
3. Es sieht eine Gans.
4. Es sieht einen Weihnachtsbaum.
5. Es sieht die Großmutter.
6. Es zündet alle Hölzer aus der Schachtel an.
7. Es tritt in die neue Welt (in das neue Jahr) ein.

Durch Assoziation finden wir die folgende Reihe:

1. Das Element Holz (Streichholz).
2. Das Element Feuer (Ofen).
3. Das Element Luft (Gans).
4. Das Element Holz (Weihnachtsbaum).
5. Das Element Wasser (Großmutter – Mère – Mer – Meer).
6. Das Element Erde (Schachtel – Viereck – Würfel).
7. Eintritt in die geistige Welt (neue Welt).

Hieraus lässt sich die Folge der Elemente ableiten, wie in Illustration 13 zu sehen ist: Geist – Feuer – Luft – Wasser – Erde.

Diese Folge erreicht man, indem man oben anfängt und immer zum übernächsten Element im Uhrzeigersinn springt. Hierdurch entsteht das Muster eines Fünfsterns.

In Andersens Märchen wird also verdeutlicht, dass man die fünf Elemente in der Form eines Sterns durchlaufen soll. In der Geschichte erwähnt Andersen noch, dass das Mädchen einen Stern vom Himmel fallen sieht. Das Bild eines Sterns wird hier also noch einmal extra betont. Das Mädchen stirbt nach dem Anzünden der letzten Streichhölzer. Hier wird das Bewusstsein, das die physische Welt verlässt und in die geistige Welt eintritt, symbolisiert. Andersens Bildsprache ist oft etwas düster.

Hast du schon mal ein Streichholz angezündet und dann genau beobachtet was passiert? Tue es jetzt, bevor du weiterliest. Halte das Streichholz dabei nicht senkrecht, sondern waagerecht. Zündet man ein Streichholz an, dann kann man Folgendes beobachten:

1. Das Streichholz wird gerieben.

2. Eine Flamme erscheint.

3. Es entweicht eine kleine Rauchwolke.

Jetzt kommt die Überraschung:

4. Während die Flamme sich in Richtung Streichholzende bewegt, quillt – direkt vor der Flamme – aus dem Holz ein Wassertropfen hervor. Dieser Tropfen "wandert" über das Holz, weil die Flamme ihn vorwärts treibt.

5. Hinter der Flamme sieht man das schwarze, verbrannte Holz. Schließlich bleibt nur ein Stäbchen Holzkohle übrig.

Die fünf Elemente erscheinen auch hier in der schon genannten Folge:

Holz (Geist) – Feuer – Luft – Wasser – Erde.

Illustration 14

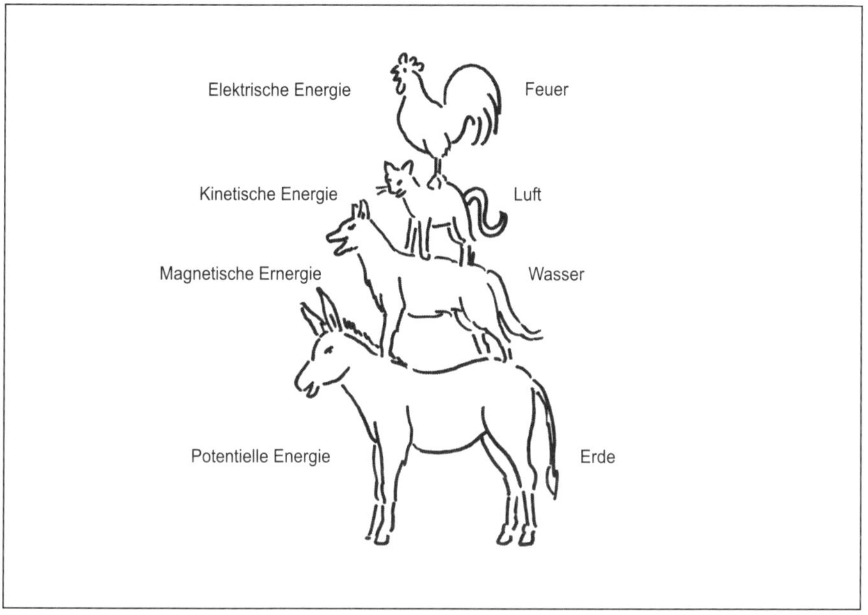

Im Märchen "Die Bremer Stadtmusikanten" stellen sich die vier Tiere aufeinander und stürzen danach durch das Fenster in das Räuberhaus, in dem schönes Essen auf sie wartet. Auch hier wird die gleiche Folge der Elemente angegeben, von oben nach unten sind es: Feuer, Luft, Wasser und Erde. Die fünf Elemente sind fünf Kräfte, fünf Formen von Energie. Sie beleben den Körper eines Menschen und bewahren ihn vor Zerfall. So kann man sagen, dass Geist den Körper belebt. Geist wird oft auch Äther genannt, was aus dem Griechischen kommt und "brennen", "scheinen" bedeutet. Andere Bezeichnungen für Geist sind Chi (Qi), Prana, vitale Kraft, Lebenskraft. Man kann somit die Elemente als fünf Arten von Äther bezeichnen oder auch als fünf Arten von Chi. Egal, wie man sie nennt, es sind fünf sehr feine Arten von Energie, die den folgenden Energieformen ähneln: Licht, Elektrizität, kinetische Energie, Magnetismus und potenzielle Energie.

Illustration 15

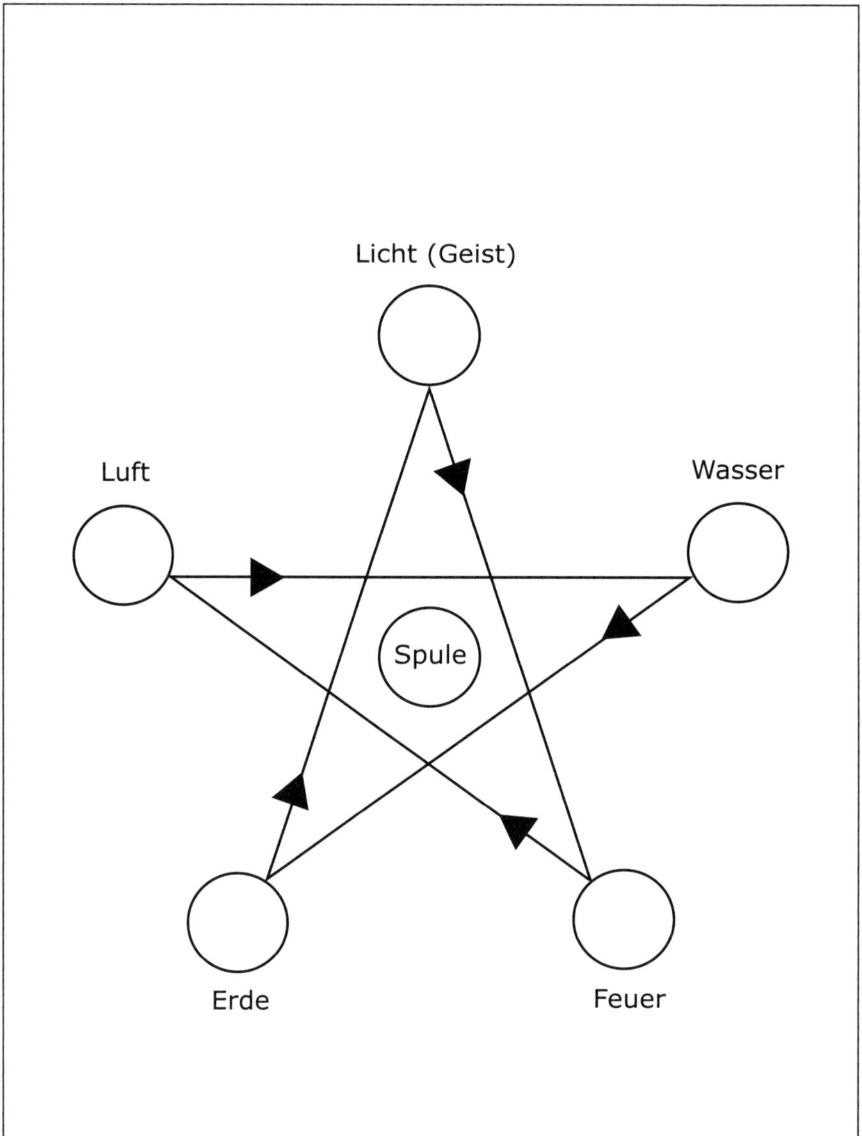

d) Die Betätigung des Schlüssels gleicht dem Spinnen eines Fadens. Dieser Faden wird um eine Spule gewickelt.

Klementine Lipffert schreibt in ihrer "Symbol-Fibel", die Tätigkeit des Spinnens in mittelalterlichen Bildwerken stelle dar, dass der Lebensfaden gesponnen wird. Auch ist das Spinnen ihrer Aussage nach ein Sinnbild des vom Licht ausgehenden Strahls. Im Märchen "Frau Holle" lesen wir:

[...] Das arme Mädchen musste sich täglich auf die große Straße bei einem Brunnen setzen, und musste so viel spinnen, dass ihm das Blut aus den Fingern sprang. Nun trug es sich zu, dass die Spule einmal ganz blutig war, da bückte es sich damit in den Brunnen und wollte sie abwaschen; sie sprang ihm aber aus der Hand und fiel hinab. Es weinte, lief zur Stiefmutter und erzählte ihr das Unglück. Sie schalt es aber so heftig und war so unbarmherzig, dass sie sprach "hast du die Spule hinunterfallen lassen, so hol sie auch wieder herauf." Da ging das Mädchen zu dem Brunnen zurück und wusste nicht, was es anfangen sollte: und in seiner Herzensangst sprang es in den Brunnen hinein, um die Spule zu holen. Es verlor die Besinnung, und als es erwachte und wieder zu sich selber kam, war es auf einer schönen Wiese, wo die Sonne schien und viel tausend Blumen standen [...]

Der vom Licht ausgehende Strahl wird gesponnen, indem man die Elemente in der genannten Folge immer wieder durchläuft und so in einer endlosen Schleife Sterne bildet. Man sammelt hierbei die fünf Formen der Lebensenergie, die zusammengeflochten werden und als ein Faden – der Lebensfaden – um die Spule gewickelt werden.

Äther			**1**
Feuer	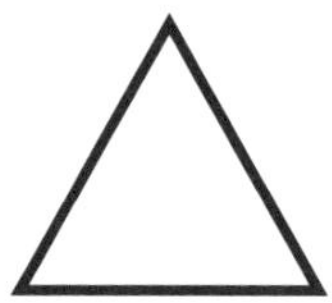	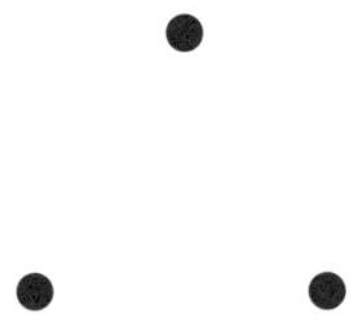	**3**
Luft	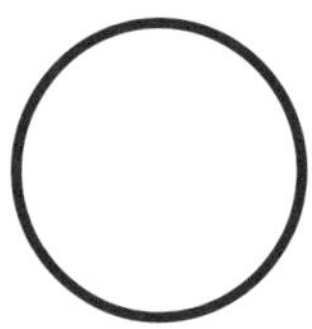	keine	**0**
Wasser			**2**
Erde			**4**

e) Der Schlüssel, der das Tor zum Unterbewussten öffnet, ist ein Spruch.

Wohl jeder von uns kennt die berühmten Worte "Sesam, öffne dich!" aus dem Märchen "Ali Baba und die vierzig Räuber". Zu den fünf Elementen gehört tatsächlich ein Name, ein Wort. Aber der Name ist auch eine Zahl. Und diese Zahl lässt sich auf einfache Art aus der Reihenfolge der Elemente ableiten: Die fünf Elemente werden traditionell durch fünf geometrische Symbole dargestellt: Punkt, Dreieck, Kreis, liegender Mond und Viereck. Man findet die zugehörigen Zahlen, wenn man schaut, wie viele Eckpunkte die einzelnen geometrischen Figuren haben: Der Punkt besteht selbstverständlich aus einem Punkt. Das Dreieck hat drei Eckpunkte. Die Kreislinie hat weder Anfang noch Ende, sie hat keine Eckpunkte. Der liegende Mond hat zwei Eckpunkte und das Quadrat vier.

Der Schlüssel zu der zweiten Wirklichkeit hat die Zahl:

13024

Illustration 16

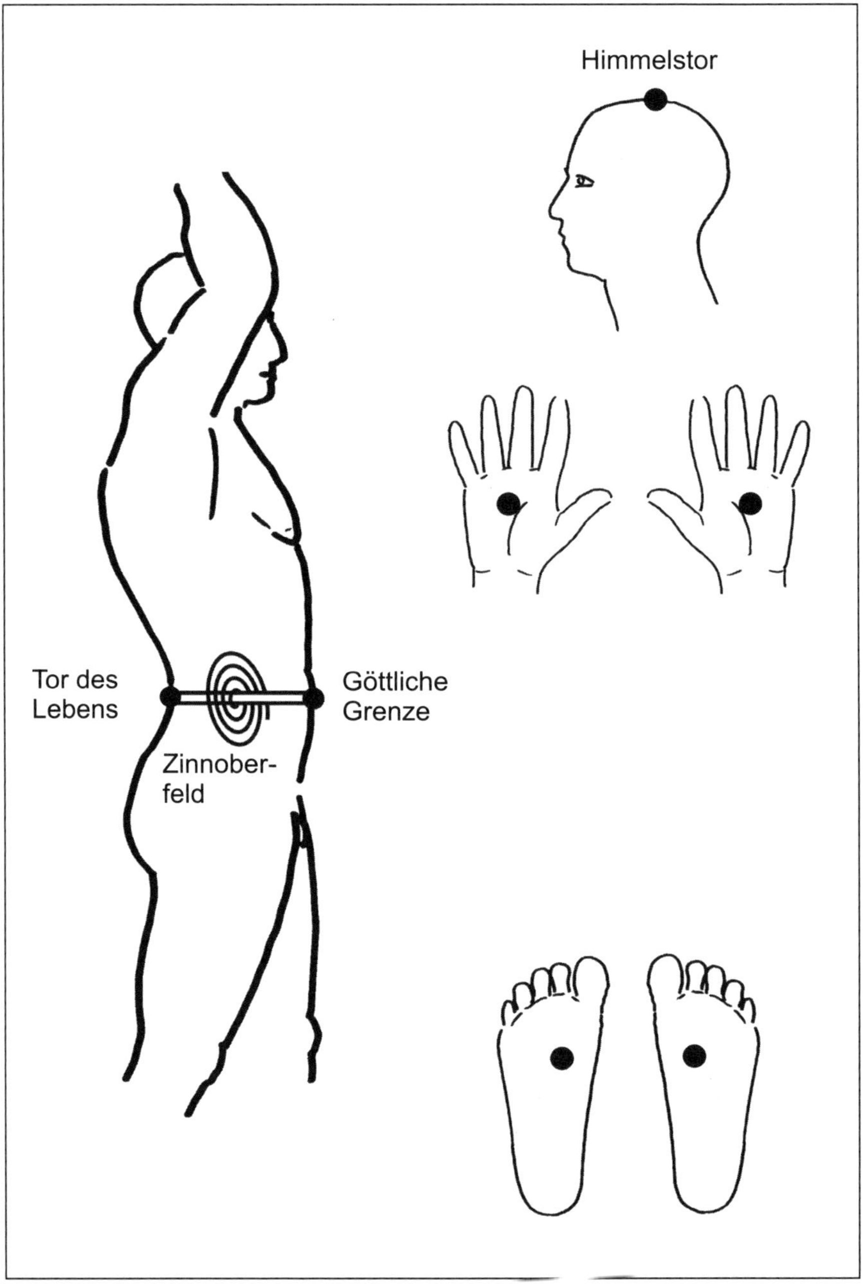

Die sieben Punkte des Geistes

Gibt es ein bestehendes System, das Punkte kennt, die für den beschriebenen Schlüssel in Frage kommen?
Ja: Die Disziplin "Stilles Qigong" arbeitet bei der Fünf-Tore-Atmung mit fünf Punkten:

– Der Punkt "Baihui". Er wird Himmelstor genannt und ist der Scheitelpunkt des Schädels.

– Auf den beiden Handflächen gibt es den Punkt "Laogung". Er liegt im Zentrum der Hand.

– Auf den beiden Fußsohlen gibt es den Punkt "Yongquan".

Bei der Fünf-Tore-Atmung stellt man sich vor, Luft durch diese fünf Punkte zu atmen. Das Qi (Lebenskraft) wird dabei im Dantien, einem Feld, das etwas unterhalb des Bauchnabels in der Tiefe des Bauchraums liegt, gesammelt. Es gibt zwei Akupunkturpunkte, die in verschiedenen Disziplinen ebenfalls eine große Rolle spielen:

– Der Punkt "Shenque" in der Mitte des Nabels. Der Name bedeutet "göttliche Grenze".

– Der Punkt "Mingmen". Er liegt zwischen dem zweiten und dritten Lendenwirbel, genau gegenüber dem Nabel. Mingmen bedeutet "Tor des Lebens".

Die fünf Tore des Atems sind die gesuchten Tore für die Energien der fünf Elemente. Die Verbindungslinie zwischen "Shenque" und "Mingmen" ist die Spule aus dem Märchen "Frau Holle". Hier wird der Lebensfaden um die Achse gewickelt im Feld "Dantien".

Die Namen der Punkte sind aufschlussreich:

– "Himmelstor", hier tritt die Lichtenergie ein.

– "Göttliche Grenze" und "Tor des Lebens", sie bilden die Endpunkte der Achse, um die der Lebensfaden gesponnen wird.

– "Dantien" heißt "Zinnoberfeld". Hier wird das Qi gesammelt. Die Blume, die Joringel benutzt, um das Tor zu öffnen, ist blutrot. Wir haben angenommen, es ist die mittelalterliche heraldische Rose. Diese Rose wird traditionell mit der Farbe Zinnoberrot gemalt.

Das Symbol der Weisheit

Das Symbol der Weisheit ist ein dreidimensionaler Stern mit sieben Punkten. Fünf davon werden durch die Spitzen des Sterns geformt und die übrigen zwei sind die Endpunkte einer Achse im Zentrum des Sterns. Die fünf Punkte haben die Zahlenwerte null, eins, zwei, drei und vier und sind in aufsteigender Folge angeordnet, wenn man den Kreis im Uhrzeigersinn durchläuft. Die Zahlen symbolisieren die Energien der fünf Elemente. Die abendländische Anordnung der Elemente, wie sie in Illustration 12 abgebildet ist, ist völlig logisch: Die zu den Elementen gehörenden Zahlen formen die Reihe 0, 1, 2, 3 und 4 im Uhrzeigersinn. Das Symbol der Weisheit wird aktiviert, indem wir seine sieben Punkte mit den sieben Punkten des Geistes verbinden und die Zahlen in der Folge 1, 3, 0, 2 und 4 durchlaufen. Hierbei werden die Energien der fünf Elemente als Energiefasern gesammelt und zu einem sehr starken Lebensfaden zusammengeflochten. Dieser Faden wird im Zinnoberfeld um die Achse gewickelt. Das um die Achse gewickelte Qi ist vergleichbar mit Strom, der durch den gewickelten Kupferdraht einer Spule geht. Es entsteht eine Art elektromagnetisches Feld mit einer waagerechten Achse (wenn man stehen würde). Dieses Energiefeld ist das Wahrnehmungsorgan im Bereich des Unterbewussten. Man ist dort ein Energiefeld in einer Welt voller anderer Energiefelder, die ebenfalls Bewusstsein haben. In Märchen wird oft von Wesen berichtet, die sich verwandeln können. Sie können dies, weil sie imstande sind, ihr Energiemuster zu reorganisieren.

Die genaue Technik geht so: Schreibe in deiner Vorstellung die Zahl Eins oben auf deinen Kopf, ungefähr dort, wo der Scheitelpunkt ist. Schreibe danach gedanklich die Zahl Drei auf der Sohle deines linken Fußes, ungefähr dort, wo der Punkt Yongquan ist. Fahre fort, indem du die Zahl Null auf

Illustration 17

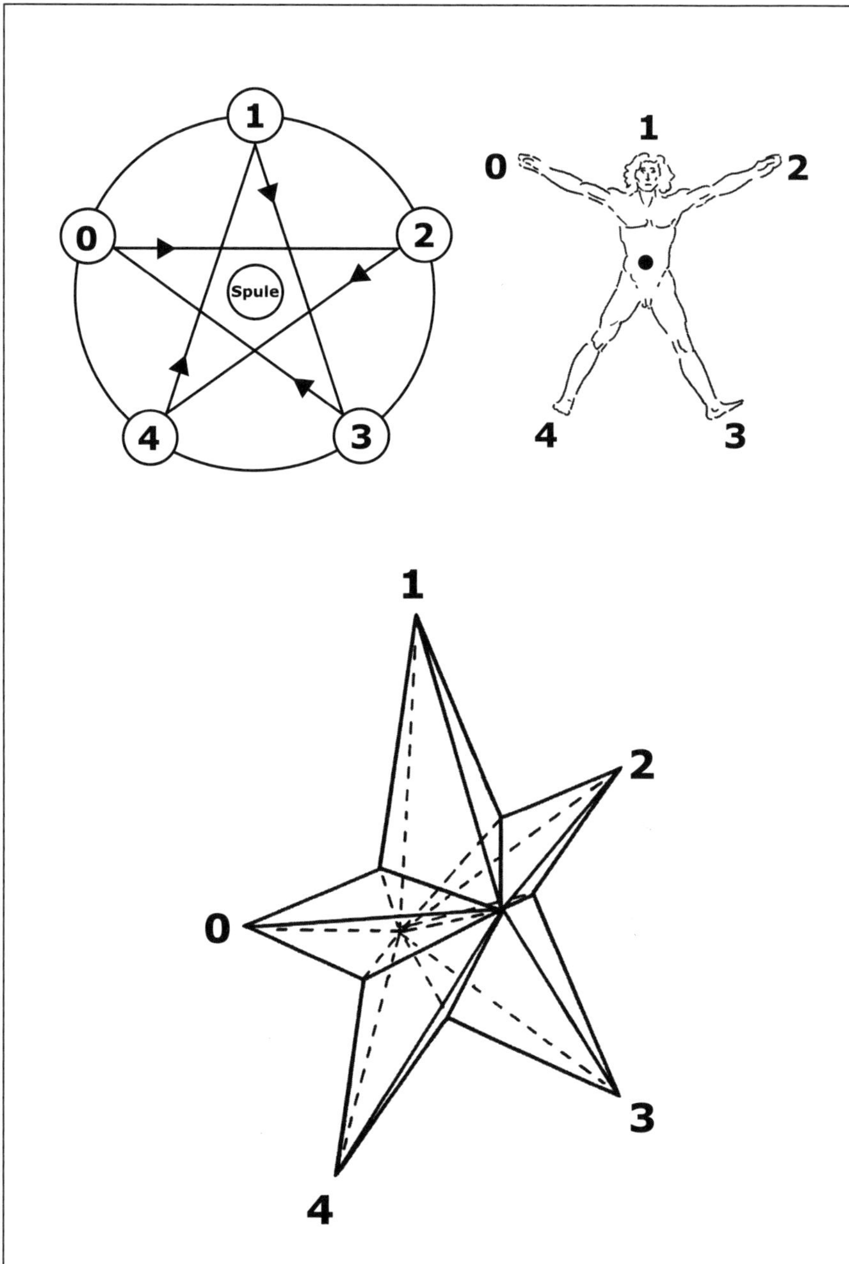

die Innenfläche deiner rechten Hand zeichnest. Natürlich nur in deiner Vorstellung. Danach die Zahl Zwei auf die linke Handinnenfläche. Und dann die Zahl Vier auf der Unterseite deines rechten Fußes. Diese fünf Schritte wiederholst du immer wieder: 13024 13024 13024 13024 ... Du kannst diese Übung vor dem Einschlafen machen oder nachts, wenn du aufwachst. Oder auch tagsüber, wenn du sitzt und nichts zu tun hast, wie zum Beispiel in der U-Bahn auf dem Weg zur Arbeit. Wie lange du die Übung jeweils machen willst, bleibt dir überlassen. Übertreibe nicht. Täglich drei mal fünfzehn Minuten reichen. Nach einiger Zeit wirst du feststellen, dass deine Träume anders werden. Manche werden von stark symbolischem Inhalt sein, andere scheinen sehr real. Es kann auch sein, dass du Ratschläge für dein "normales" Leben erhältst. Irgendwann ist dein elektromagnetisches Feld so stark geworden, dass du in der geistigen Welt aufwachst.

Beachte unbedingt die folgenden Regeln:

1. Mache diese Übung NICHT, wenn du schwanger bist.

2. Mache diese Übung NICHT, wenn du süchtig bist oder irgendwelche anderen größeren psychischen Probleme hast. Dann geh zum Arzt!

3. Mache diese Übung NICHT, wenn du nicht über ein gewisses Maß an Tatkraft, Wachsamkeit und Selbstvertrauen verfügst. Fehlt es dir an diesen Qualitäten, dann versuche zunächst, sie in deinem "normalen" Leben zu erwerben. Die Techniken der ersten drei Wege können dir dabei helfen. Habe Geduld. Irgendwann bist du so weit.

4. Widme diese Übung – jedes Mal, bevor du sie machst – der höchsten positiven Kraft im Universum, die du anerkennst. Glaubst du an einen Gott, dann widme sie

Illustration 18

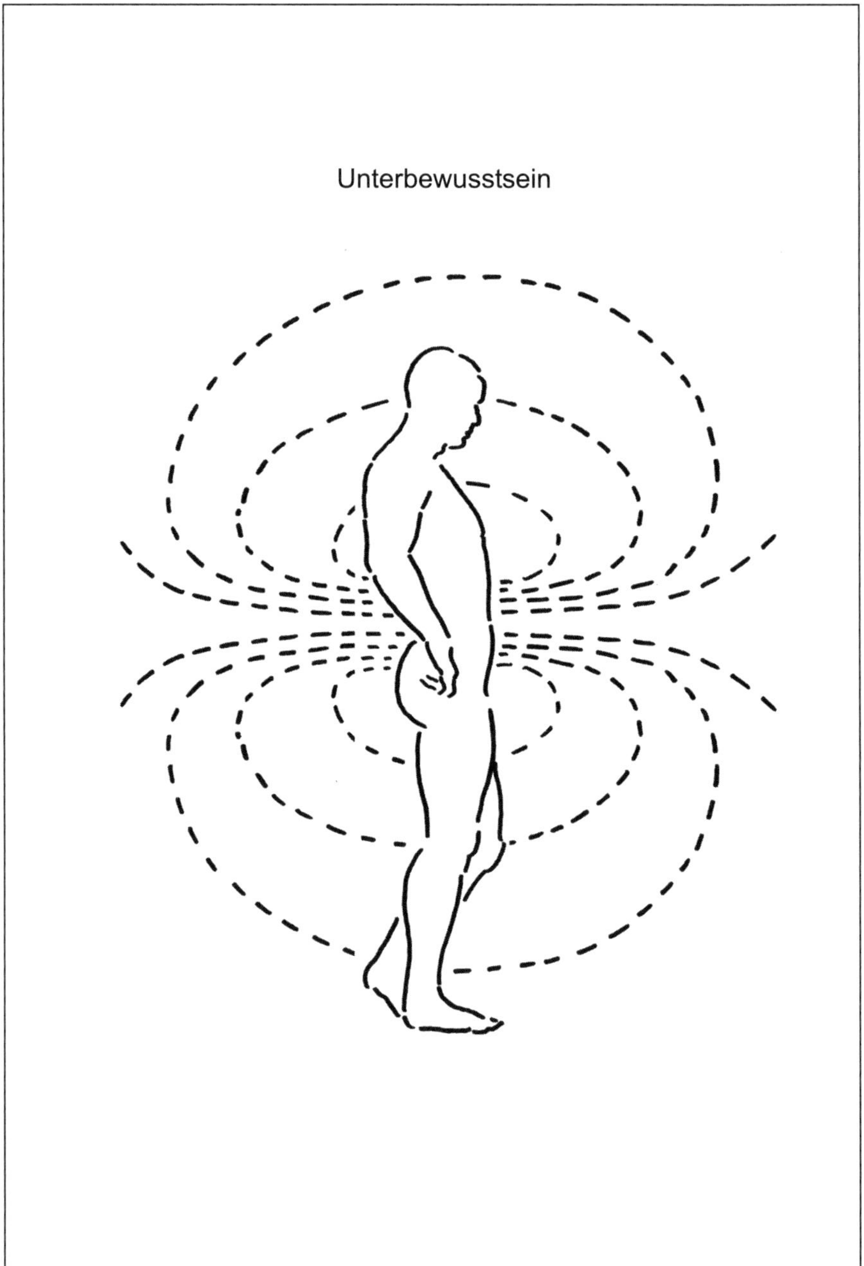

Gott. Glaubst du an Christus, dann widme sie ihm. Glaubst du an irgendeine positive kosmische Energie, dann widme sie ihr. Glaubst du, dass Licht oder Liebe die höchsten Wahrheiten sind, dann widme ihnen diese Übung.

Der geistige Helfer

Die zehn Techniken auf diesem Weg sind alle Bestandteil einer bestimmten Erfahrung, die Erfahrung des Eintritts in die geistige Welt. Die Erlebnisse dort ähneln dem Muster bestimmter Märchen. Wie deine Reise dort auch aussehen wird, auf jeden Fall wirst du deinem geistigen Helfer begegnen. Wie du vielen Märchen und Mythen entnehmen kannst, muss es nicht unbedingt ein schönes Wesen sein. Akzeptiere es als deinen Helfer, du wirst es nicht bereuen, denn es wird dir deine verlorene Lebenskraft zurückgeben. Es wird dir mit Rat und Tat zur Seite stehen. Dieser Helfer wird vieles, was unmöglich scheint, möglich machen. Der Reichtum und die Macht des Helfers sind groß. Er wird dir etwas schenken, was du als Kind noch wusstest, aber mittlerweile völlig vergessen hast. Er kennt den Weg zum geistigen Juwel, zum Ziel deiner Reise. Im Märchen "Der Eisenhans" werden einige seiner Eigenschaften (etwas verschlüsselt) beschrieben. Hier folgen ein paar Auszüge:

[...] lag da ein wilder Mann, der braun am Leib war, wie rostiges Eisen, und dem die Haare über das Gesicht bis zu den Knien herabhingen.
[...] Als sie [die Tür seines Käfigs] offen war, trat der wilde Mann heraus, gab ihm [dem Königssohn] den goldenen Ball und eilte hinweg.
[...] "Wenn du in Not gerätst, so geh' zu dem Wald und rufe ‚Eisenhans', dann will ich kommen und dir helfen. Meine Macht ist groß, größer als du denkst, und Gold und Silber habe ich im Überfluss."
[...] "Was verlangst du?", fragte er [Eisenhans]. "Dass ich den goldenen Apfel der Königstochter fange." – "Es ist so gut, als hättest du ihn schon", sagte der Eisenhans; "du sollst auch eine rote Rüstung dazu haben und auf einem stolzen Fuchs reiten."

Wenn du Illustration 18 betrachtest, fällt es dir vielleicht auf, dass der dort gezeichnete Querschnitt des elektromagnetischen Felds das Aussehen einer Apfelhälfte hat. Schneidest du einen Apfel quer in der Mitte durch, siehst du das Gehäuse als einen Fünfstern. So sieht man, dass ein Apfel ein genaues Abbild des elektromagnetischen Felds des Unterbewusstseins mit dem darin enthaltenen Symbol der Weisheit ist. Auch das Überbewusstsein sieht ähnlich aus. In vielen Erzählungen ist der Apfel dann auch das Symbol für das Unter- oder das Überbewusstsein. Im oben erwähnten Märchen kann die Hauptperson den Apfel der Prinzessin nur durch die Hilfe des Eisenhans fangen. Hier wird also ausgesagt, dass der Zugang zum Überbewusstsein nur möglich ist durch die Hilfe des geistigen Helfers, der selbst ein Teil des Unterbewusstseins ist. Diese Aussage ist außerordentlich wichtig.

Wunscherfüllung

Wozu das Ganze? Warum sollte man in die geistige Welt eintreten? Reicht es nicht, "normal" zu leben, ohne ein zweites Dasein in einer anderen Wirklichkeit? Nun, so ganz getrennt sind diese beiden Welten gar nicht. Sie durchdringen einander und beeinflussen sich gegenseitig. Tatsache ist, dass viele Ereignisse in deinem Leben erklärbar sind und einen Sinn ergeben, wenn du die korrespondierenden Kräfte aus der zweiten Wirklichkeit kennst.

Wenn du das Symbol der Weisheit anwendest, ändern sich zunächst deine Träume. Aber später wird sich auch dein Leben wandeln. Unter anderem wirst du spontan Dinge wissen, die du eigentlich gar nicht wissen könntest. Auch werden Ereignisse auftreten, die andere Menschen als unglaublichen Zufall abtun werden. Die Häufigkeit des Auftretens derartiger Ereignisse in deinem Leben wird diese Erklärungsmöglichkeit jedoch gänzlich ausschließen. Das Unterbewusste ist ein Gebiet größter Chancen. Du wirst dort Antworten finden, die im Alltagsleben nicht gefunden werden können. Das Unterbewusste ist die Region der Wünsche, während man das Überbewusste die Region der Wunder nennen könnte. Es werden dir auf deiner Reise unter anderem drei Wünsche gewährt. Die Erfüllung dieser Wünsche wird sich nicht nur auf das Land des Geistes beschränken.

Auch in deinem Alltagsleben werden sie sich nach und nach realisieren. Sei aber vernünftig. Es gibt mehrere Märchen, die beschreiben, wie es dem Menschen geht, der nie zufrieden ist und immer mehr will, wie viel er auch hat. Möchtest du materielle Dinge, dann ist es besser, dafür zu arbeiten, als sie dir ohne Gegenleistung deinerseits bloß zu wünschen. Wünschst du dir zum Beispiel eine Million Euro, dann wende die Techniken des ersten Weges an. Dein Unterbewusstsein wird dir einen Weg zeigen, wie du sie verdienen kannst. Mache es zu einer Gewohnheit, nur zu nehmen, wenn du auch bereit bist, dafür zu geben.

Illustration 19

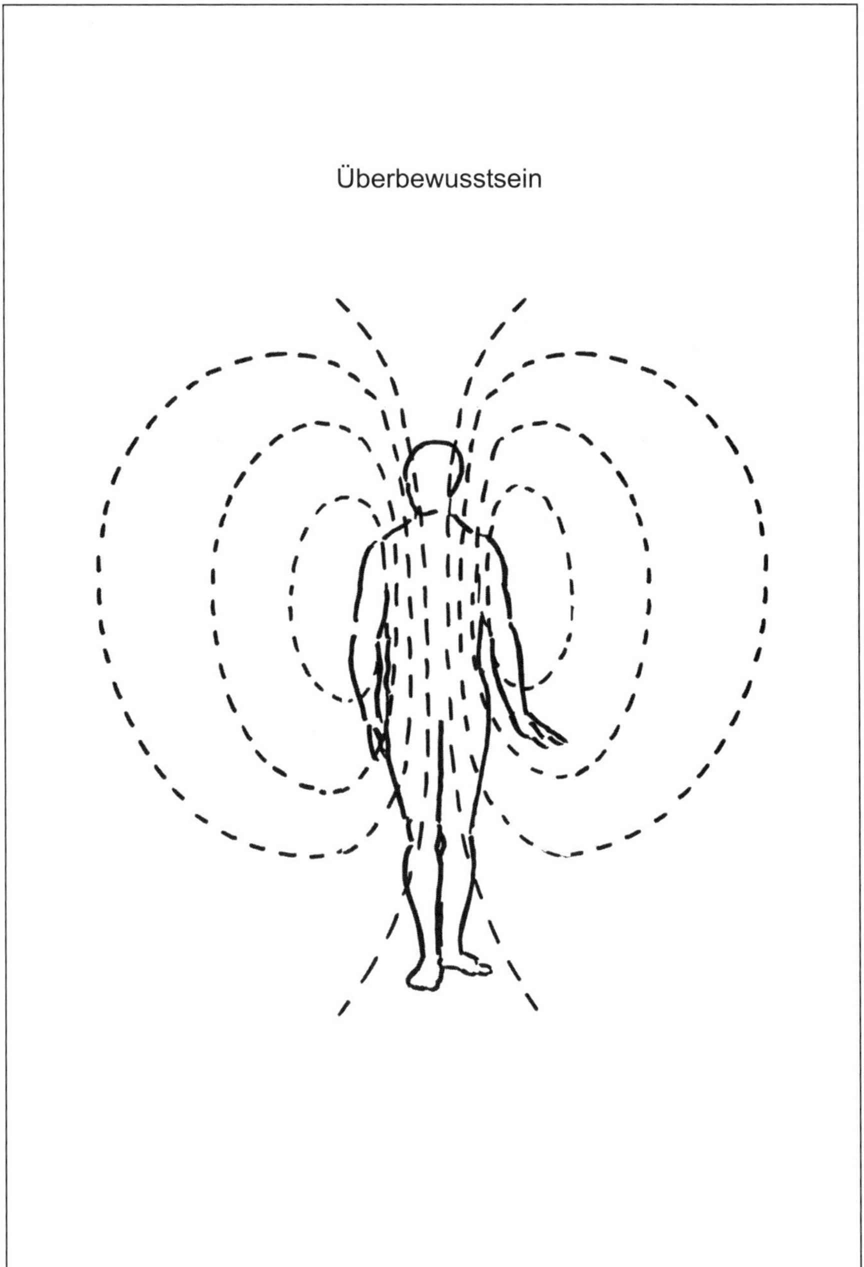

Das geistige Juwel

Jeder von uns hat einen Herzenswunsch. Er ist aber vergessen, verborgen, unauffindbar. Tief im Inneren ruht das geistige Juwel. Es ist das, wonach du schon immer gesucht hast. Du wirst eine lange Reise unternehmen müssen, um es zu finden. Es wird das größte Abenteuer deines Lebens sein. Der Helfer wird dir zur Seite stehen. Viel Glück!

Der fünfte Weg ist der Weg zur Transformation, der Weg ins Überbewusstsein. Das Symbol der Weisheit "spinnt" einen Faden, der, um eine waagerechte Achse gewickelt, eine Art elektromagnetisches Feld kreiert, das dein "Fahrzeug" im Bereich des Unterbewussten ist. Ein zweites Symbol, das Meistersymbol der Alchemie, wickelt einen "Faden" um eine senkrechte Achse, die durch die Mitte unseres Körpers läuft. Das Feld, das hierdurch entsteht, ist dein Bewusstseinsträger im Bereich des Überbewussten. Der Eintritt in diese Region eröffnet die Möglichkeit, Wunder zu erfahren.

Der magische Wille

Durch die Anwendung der hier beschriebenen Techniken wächst etwas, das man "den magischen Willen" nennt. Es handelt sich um eine Fähigkeit, hier in unserem Alltagsleben mit der Energie, die vom Nabel ausgeht, Dinge zu bewirken und zu steuern. Die Wirkung des magischen Willens ist abhängig von der Menge der gespeicherten Energie. Je mehr man gesammelt hat, desto weniger wird das Erleben durch die Diktatur unserer Verstandesmuster eingeschränkt. Anstatt das durch die gesammelte Energie im Zinnoberfeld erzeugte Muster ein elektromagnetisches Feld zu nennen, kann man es auch als ein gigantisches Bündel von lebenden Energiefasern bezeichnen. Diese Fasern haben Eigenschaften, die man nutzen kann, um die verschiedensten Dinge zu tun. Es ist zum Beispiel möglich, eine Faser auszuwählen, um einen Bewusstseinssprung zu einem anderen Punkt in der Umgebung zu machen. Ähnliche Möglichkeiten werden in den Büchern von Carlos Castaneda beschrieben. Sobald man den fünften Weg geht – indem man die im Seminar gelernten Techniken zur Aktivierung der drei Ringe anwendet – nutzt man das Symbol der Weisheit nicht mehr. In gewisser Hinsicht ist der vierte Weg nur als Übergang zum fünften Weg gedacht. Das Symbol der Weisheit ist eine Frucht vom Baum der Erkenntnis. Das Meistersymbol der Alchemie und die drei Ringe der Kraft führen zum Baum des Lebens.

V. Buch

Dein Weg zur Transformation

Einleitung

Als zweites von vier Kindern wurde ich 1951 in den Niederlanden geboren, wo ich auch meine Jugend verbrachte. Obwohl ich im Jahr 1976 das Abitur und eine abgeschlossene Ausbildung als Tischler in der Tasche hatte, wusste ich überhaupt nicht, was ich beruflich machen wollte. Ich entschied mich, dem Trend der Zeit zu folgen und nach Indien zu reisen. Dort hoffte ich in einem Ashram einen Guru zu finden, der mich als Schüler annehmen würde. Mein Interesse für Spiritualität war groß: Ich hatte die wichtigsten esoterischen Bücher gelesen, sehr intensiv Hatha-Yoga geübt und fühlte mich zum supramentalen Yoga von Sri Aurobindo stark hingezogen. Nach einem längeren Aufenthalt in Griechenland und einer unbequemen Reise durch die Türkei, den Iran und Pakistan erreichte ich schließlich die Stadt Amritsar in Indien. Ich reiste weiter in das Himalaja-Gebirge und kehrte – gerade rechtzeitig vor Einbruch des Winters – zurück in das flache Land. Jetzt begann die Suche nach einem spirituellen Meister. Mit dem Zug fuhr ich zum nächsten mir bekannten Ashram und hatte dort großes Glück: Viele Anwärter mussten wochenlang warten, um zugelassen zu werden, aber ich durfte nach einem Gespräch mit dem Verwaltungsleiter schon am nächsten Tag zurückkommen, um einer Sitzung mit dem Meister beizuwohnen. Am nächsten Tag stieg ich aber in einen Zug und reiste weiter zum nächsten Ashram. Auch dort hätte ich bleiben können, aber stattdessen buchte ich in einer der indischen Großstädte ein Zimmer in einem Billighotel. Warum ich nicht geblieben war, wusste ich selbst nicht.

Eine Woche später trank ich mit einigen Indern abends Tee in einem Teehaus. Einer der Inder, ein ehemaliger Offizier der Armee, erzählte mir, dass er Unterschriften sammelte gegen bestimmte Gurus, die den Westen bereisten, und

die, wie er betonte, schlicht und einfach Betrüger waren. Vor diesen Gurus hatte er keinen Respekt. Wohl aber vor dem alten Mann, der auf dem Grundstück nebenan in einem kleinen Tempel wohnte und der hier in der Gegend als heilig galt. Neugierig geworden (ich hatte noch nie einen Heiligen gesehen), ließ ich während der Fortsetzung des Gesprächs meinen Blick von Zeit zu Zeit auf das Gebäude in der Nähe, das ein Tempel sein sollte, fallen. Bei Einbruch der Dunkelheit erschien ein kleiner Mann in einem orangefarbenen Gewand, setzte sich an unseren Tisch und trank Tee mit uns. Er war sehr alt, hatte graue, struppige Haare und einen großen Bart. Statt, wie ich erwartete, erhabene Worte von sich zu geben, redete er über belanglose Dinge, genoss seinen Tee und lächelte die meiste Zeit. Nach einer halben Stunde verschwand er wieder in seinem Tempel und ließ mich zurück mit dem Gedanken "Was soll an diesem Mann denn heilig sein?".
Als ich am nächsten Morgen in meinem Hotel aufwachte, versuchte ich mir den vorigen Abend in Erinnerung zu rufen. Mir wurde klar, dass ich, kurz nachdem der alte Mann weggegangen war, die universelle Einheit (Om) erfahren hatte, wobei ich mir nur noch den Anfang dieser gewaltigen Erfahrung vergegenwärtigen konnte. Weiter erinnerte ich mich, nach meiner "Rückkehr aus der Einheit" in den Tempel gegangen zu sein und lange mit dem alten Mann gesprochen zu haben. Aber worüber wir gesprochen haben, wusste ich nicht mehr. Das Einzige, woran ich mich erinnerte, war sein letzter Satz. Als mich später am Tag Gäste, die mich kannten, im Hotel begrüßten, machte ich eine sehr unangenehme Entdeckung: Ich konnte nicht sprechen! Denken konnte ich schon, aber es war mir unmöglich, meine Gedanken in Worte umzuwandeln.
Dieser frustrierende Zustand hielt drei Tage lang an. Meine Bekannten im Hotel wussten nicht, warum ich nicht sprechen konnte, und ich konnte es ihnen nicht erklären.
Drei Monate später war ich wieder in Griechenland, 58 Kilo

schwer. Wie die meisten Europäer, die aus Indien zurückkamen, war auch ich an einer Darminfektion erkrankt. Einige Jahre danach heiratete ich in Deutschland. Meine Frau und ich haben vier Kinder. Mit dem ersten Kind fing für mich der "Ernst des Lebens" an: Spiritualität schön und gut, jetzt hieß es aber Geld verdienen. Sieben Jahre arbeitete ich als Grafiker und Illustrator, danach 18 Jahre als Zauberkünstler und Entertainer.

Seit meiner Rückkehr aus Indien 1977 habe ich die verschiedensten esoterischen, spirituellen und ganzheitsmedizinischen Systeme studiert, um einen Universalschlüssel zu finden. Vor ungefähr 16 Jahren fand ich in einem Buch über christliche Mystik den ersten Teil dieses Schlüssels. Ich betätigte ihn aber nur ein Mal, weil das Ergebnis ein regelrechter Schock war. Ich wusste damals nicht, was man dabei beachten sollte; auch fehlten mir die Teile zwei und drei, wodurch eine richtige Interpretation der Erfahrung nicht möglich war. Etwa zehn Jahre später entdeckte ich das dreiteilige Meistersymbol der Alchemie. Ich konnte einen seiner Teile als den mir schon bekannten Schlüsselteil identifizieren. Jetzt war es möglich, die Botschaft, die in der ersten Erfahrung enthalten war, zu entziffern. Mir fehlten nur noch die richtigen Techniken zur Aktivierung des zweiten und dritten Teils. Ich fand sie schließlich durch die Analyse vieler mystischer Texte. Knappe 30 Jahre habe ich gebraucht um "Es" zu finden. Es ist das mächtigste spirituelle Werkzeug, dass ich kenne:

– Wer das Meistersymbol kennt, versteht die Beziehungen zwischen den sieben großen mystischen Systemen: I Ging, Astrologie, Kabbala, Tarot, Alchemie, Yoga und Bibel.

– Wer das Symbol aktiviert, erweckt die Kundalini-Kraft und durchläuft drei Phasen. Am Ende dieser Entwicklung erfährt er die Einheit und hat damit gefunden, was jeder Mensch letztendlich sucht: Ganzheit, Heilsein, Heilung.

– Wer das Symbol vollständig aktiviert hat, empfängt außerdem drei spirituelle Gaben, die er in seinem Erdenleben anwenden kann.

Der hermetische Weg ist "der fünfte Weg". Die uns schon bekannten Wege der Bewusstseinserweiterung sind: der magische, der mystische, der esoterische und der von Ouspensky beschriebene "vierte Weg". Der fünfte Weg ist der hermetische Weg und ist von diesen fünf Wegen der kürzeste und schnellste Weg, der zur Transformation und Einheit führt.

Die christliche Methode zur Aktivierung der Kundalini-Kraft unterscheidet sich sehr stark von den bekannten orientalischen Techniken:

– Sie fängt an einer anderen Stelle an und verursacht dadurch kaum unangenehme körperliche Nebenwirkungen.

– Sie kann ohne die Aufsicht eines Meisters geübt werden, da sie von den höchsten spirituellen Kräften des Universums gelenkt wird.

– Sie führt sehr schnell zu Ergebnissen.

Das höhere Selbst wird auch Kundalini, Seele oder Schutzengel genannt. Es befindet sich im Rückenmark und steuert das Schicksal eines Menschen. Du als Person bist getrennt von deinem höheren Selbst. Würde es dir gelingen, dir deinem Selbst bewusst zu werden, wärst du unter anderem in der Lage, dein eigenes Schicksal zu ändern. Die Bewusstwerdung der Seele ist dann auch das Ziel vieler spiritueller Disziplinen. Sich als Person zu erfahren, bedeutet, dass man sich mit einer individuellen Zusammensetzung und Ausprägung von Temperament, Charakter und Wahrnehmungsmodus identifiziert.

Temperament ist ein bestimmtes Mischungsverhältnis der fünf Hauptbedürfnisse eines Menschen. Sie werden die fünf Elemente genannt und sind Hauptthema des Tarot (vier plus eins).

Charakter ist ein besonderes Muster der zwölf Emotionen. Diese hängen mit den zwölf Akupunkturmeridianen und Tierkreiszeichen zusammen und sind Hauptthema der Astrologie (zwölf plus Zentrum).

Wahrnehmungsmodus ist die Dominanz einer der acht Bewusstseinszustände. Sie werden als die acht Trigramme dargestellt und sind Hauptthema des I Ging (sieben plus eins).

Eine Person zu sein, ist im Grunde genommen eine Fixierung dieser drei Konstellationen. Sie gibt dem Individuum die Möglichkeit, sich in eine bestimmte Richtung zu entfalten und birgt die Keime für besondere Talente. Der Nachteil ist, das diese Konstellation eine Art Erstarrung ist, die sich auf Dauer in chronische Verspannungen, eine schiefe Haltung und Wirbelverschiebungen manifestiert. Mit anderen Worten: Die Person wird in der Form und Haltung eines Menschen sichtbar. Comics und Karikaturen machen sich diese Tatsache zu Nutze. Der Grund, warum der Mensch von seinem höheren Selbst getrennt ist, ist erstaunlich einfach: Seine Wirbel sind verschoben oder dauerhaft fixiert. Sein Temperament bewirkt minimale Verschiebungen der Wirbel (der Mensch ist dadurch "dezentriert"), sein Charakter schränkt die Bewegungsmöglichkeit der Wirbel ein (der Mensch ist dadurch "disharmonisch"), und sein Wahrnehmungsmodus deformiert die Wirbel (der Mensch ist dadurch "festgelegt"). Umgekehrt gilt, dass eine Person sich ihrer Seele bewusst werden kann, wenn die Erstarrung aufgehoben wird. Es bedeutet, dass die Kundalini-Kraft frei fließen wird, sobald die Wirbelsäule "befreit" wird. Dies wird erreicht, wenn die fünf Grundbedürfnisse ins Gleichgewicht gebracht werden, die zwölf Emotionen harmonisiert werden und die acht Bewusstseinsformen frei wandelbar sind.

Das Meistersymbol der Alchemie bewirkt genau das. In diesem Symbol sind die drei Ringe der Kraft verborgen. Sie werden durch bestimmte Bewegungsmuster, die man innerlich nachvollzieht, aktiviert. Als Reaktion hierauf korrigiert sich zunächst der "geistige" Schiefstand der Wirbelsäule und der einzelnen Wirbel, wodurch die Kräfte der Seele zur Verfügung stehen.

Durch den ersten Ring wird man mit der universellen Energie verbunden. Die Fähigkeit, die dadurch verliehen wird, ist die vollständige Imagination.

Der zweite Ring reinigt die Aura. Die zugehörige Gabe ist die vollständige Inspiration.

Der dritte Ring öffnet das dritte Auge. Hier wird die vollständige Intuition frei zur Verfügung stehen.

Jetzt kommt das Unglaubliche: Eine vollständige Imagination setzt sich in kürzester Zeit in physische Realität um! Das bedeutet, dass man durch den ersten Ring der Kraft sein Schicksal, seine Zukunft ändern kann. Erlebt man dies zum ersten Mal, kann man es selbst kaum fassen. Obwohl diese Möglichkeit in spirituellen Werken erwähnt wird, fällt es dem Menschen schwer, sie zu akzeptieren. Die Erklärung ist aber ziemlich einfach: Dein höheres Selbst schafft deine Zukunft fortwährend durch Imagination.

Man kann es auch so sagen: Deine Zukunft ist die Imagination deines Selbst. Weil du von ihm aber getrennt bist, ist dir dieser Vorgang nicht bewusst. Durch den ersten Ring aber kannst du an diesem Prozess bewusst teilhaben. An einem kleinen Beispiel möchte ich die Wirkung des ersten Ringes der Kraft dokumentieren: Sagen wir, du hast in einem Park ein Buch gelesen und das Buch versehentlich auf der Parkbank liegen gelassen. Du bist dort später zurückgekehrt und hast festgestellt, dass jemand dein Buch mitgenommen hat. Zu Hause aktivierst du den ersten Ring der Kraft und imaginierst das Buch. Plötzlich wirst du das Buch als geistiges Bild glasklar wahrnehmen. Sofort danach führst du in deiner Vorstellung das Bewegungsmuster des Symbols aus. Das Ergebnis wird sein, dass du das Buch innerhalb kürzester Zeit wieder bekommst. Jemand wird nach einer Stunde klingeln und es dir geben. Oder du findest es auf deinem nächsten Spaziergang. Oder es liegt einfach auf dem Tisch in deiner Küche und keiner weiß, wie es dorthin gekommen ist. Die Dinge, die du mit Hilfe des ersten Ringes visualisierst oder imaginierst, werden sehr bald in deinem Leben als Realität auftauchen. Das ist die Kraft des ersten Ringes.

Durch die Aktivierung des zweiten Ringes, steht dir die universale Weisheit zur Verfügung. Das ist die Kraft des zweiten Ringes. Durch die Aktivierung des dritten Ringes siehst du das Wesen der Dinge. Sie ermöglicht auch die Bewusstwerdung anderer Welten. Letztendliches Ziel aber ist die Transformation. Das ist die Kraft des dritten Ringes. Diese drei Gaben werden in vielen Märchen beschrieben. Sie sind so gewaltig, dass man meinen würde, jeder würde diese Fähigkeiten besitzen wollen. Sie werden dem Helden aber immer am Anfang der Geschichte überreicht (oder er verschafft sie sich durch List), und in der Fortsetzung der Geschichte wird deutlich, welchen Haken die Sache hat: Der Held oder die Heldin muss nämlich, nachdem er die

Wundergaben erhalten hat, Riesen, Drachen oder Hexen besiegen. Was muss jeder Mensch bekämpfen, wenn er die erwähnten drei Fähigkeiten hat? Es sind die drei Mächte: Materialismus, kaltherzige Wissenschaft und Egoismus. Es sind die ahrimanischen, luziferischen und asurischen Kräfte. (Materialismus, Wissenschaft und Egoismus sind aber in Ordnung, wenn sie innerhalb bestimmter Grenzen bleiben.)

Wenn du zum Beispiel einige Zeit mit dem ersten Ring der Kraft gearbeitet hast und mehrmals erfahren hast, dass vollständige Imaginationen sich tatsächlich unglaublich schnell in Realität verwandeln, wird dir höchstwahrscheinlich doch irgendwann ein Gedanke, wie "Ich könnte schon bald Millionär sein, ich brauche es mir nur zu wünschen" durch den Kopf gehen. Das ist eine ahrimanische Versuchung. Das Hauptziel des hermetischen Weges ist aber, die erworbenen seelischen Fähigkeiten für die Erfüllung der Lebensaufgabe – zum Wohle der Menschheit – einzusetzen.

Du wirst den Kampf gegen diese drei Mächte ohne Hilfe kaum gewinnen können. Das ist der Haken an der Geschichte. Glücklicherweise gibt es diese Hilfe und du kannst sie in Anspruch nehmen. Im Seminar “Die drei Ringe der Kraft” erfährst du, wie du sie erhältst. Das bedeutet nicht, dass du nicht reich werden darfst. Du musst der Welt aber für den Reichtum, den du dir wünschst, eine Gegenleistung erbringen. Was du für die Welt tun kannst, wird dir deine Seele schon bald mitteilen, nachdem du den ersten Ring aktiviert hast. Es wird eine Aufgabe sein, die völlig zu dir passt. Dein ganzes Leben bist du für diese Aufgabe vorbereitet worden. Die vielen Ereignisse in deinem Leben werden sich zu einem sinnvollen Plan zusammenfügen. Du wirst verstehen, dass dein bisheriges Leben die Schule für diesen Auftrag war.

Das Besiegen der drei Mächte "Materialismus", "kaltherzige Wissenschaft" und "Egoismus" werden in den drei Festen "Ostern", "Pfingsten" und "Weihnachten" symbolisiert.

Die etwas komplizierten Techniken zur Aktivierung der drei Ringe werden in einem zweitägigen Seminar vermittelt. Erfolgreiche Seminarabsolventen sind berechtigt, die Seminarinhalte selbst in eigenen Seminarreihen weiter zu geben, jedoch nur unter Nutzung des folgenden Titels "Die drei Ringe der Kraft nach Peter van Veen". Siehe Seite 176.

Für die Teilnahme reicht es aus, wenn man einige Zeit Erfahrungen mit den verschiedenen Übungen aus den Büchern gesammelt hat. Es müssen nicht alle Übungen sein und sie müssen einem auch nicht alle hundertprozentig gelingen. Viele Menschen haben beispielsweise große Schwierigkeiten mit der Imagination. Das macht nichts, wichtig ist nur, dass du sie einige Zeit geübt hast. Wenn du den ersten Ring der Kraft aktiviert hast, wirst du erfahren, was eine hundertprozentige Imagination wirklich ist. Man lernt die Techniken zur Aktivierung der drei Ringe der Kraft für sich selbst. Wenn man sie weitergeben möchte, kann man das tun, indem man selbst Seminare gibt, unter Nutzung des folgenden Titels "Die drei Ringe der Kraft nach Peter van Veen" (nur so dürfen sie weitergegeben werden). Man kann sie aber auch nur für das eigene Leben verwenden.

Auf den nächsten Seiten findest du Illustrationen und Übersichte, die einige Beziehungen zwischen den großen mystischen Systemen wiedergeben.

Übersicht 5

O	I	U	E	A
O	I	II	≡	A
O	I	II	III	IV
nichts = keine Linie	eine Linie	zwei Linien	drei Linien	vier Linien
● Punkt, Ei	○	☽	△	□
Geist Leere Äther	Luft	Wasser	Feuer	Erde
0	1	2	3	4
O	*I*	*2*	*Ǝ*	*A*
O	*I*	*U*	*E*	*A*

Illustration 20

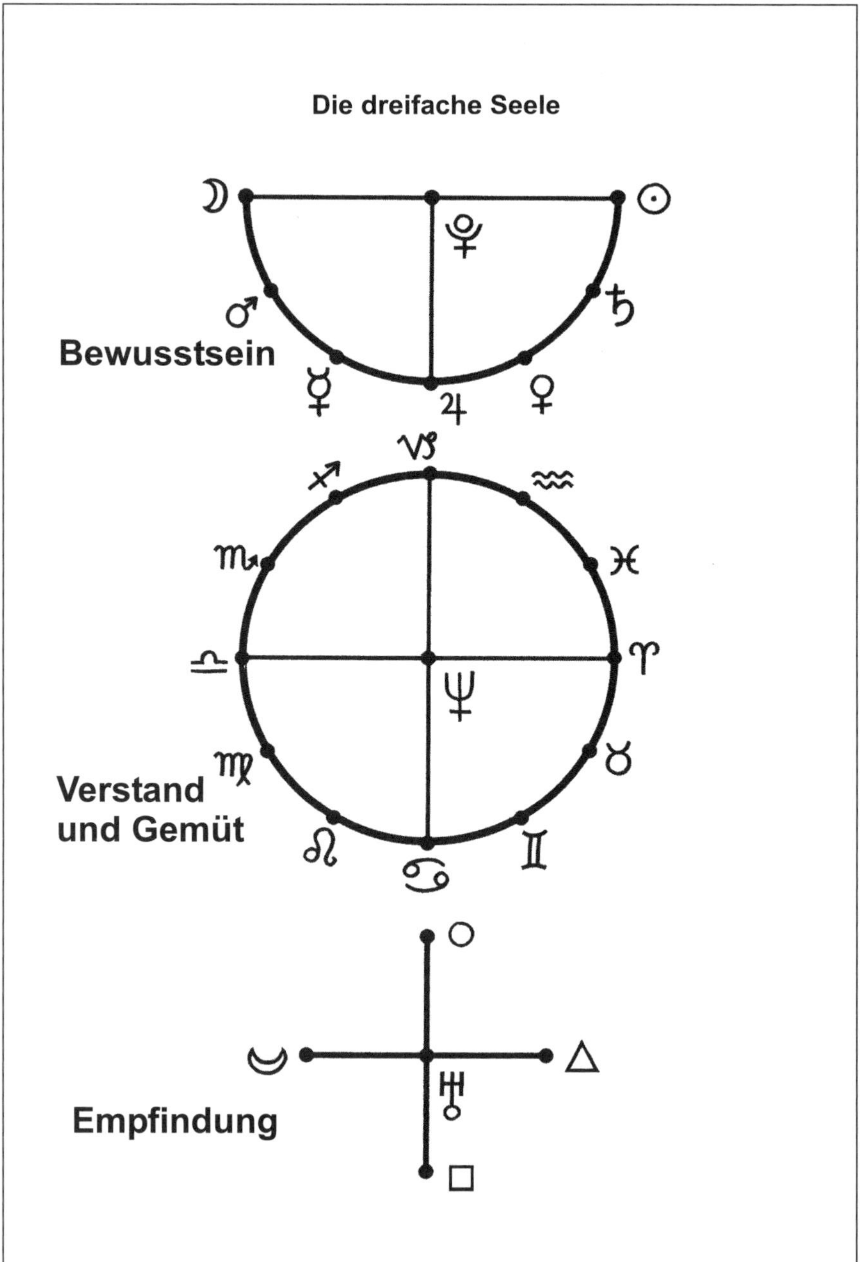

Illustration 21

Der Baum des Lebens

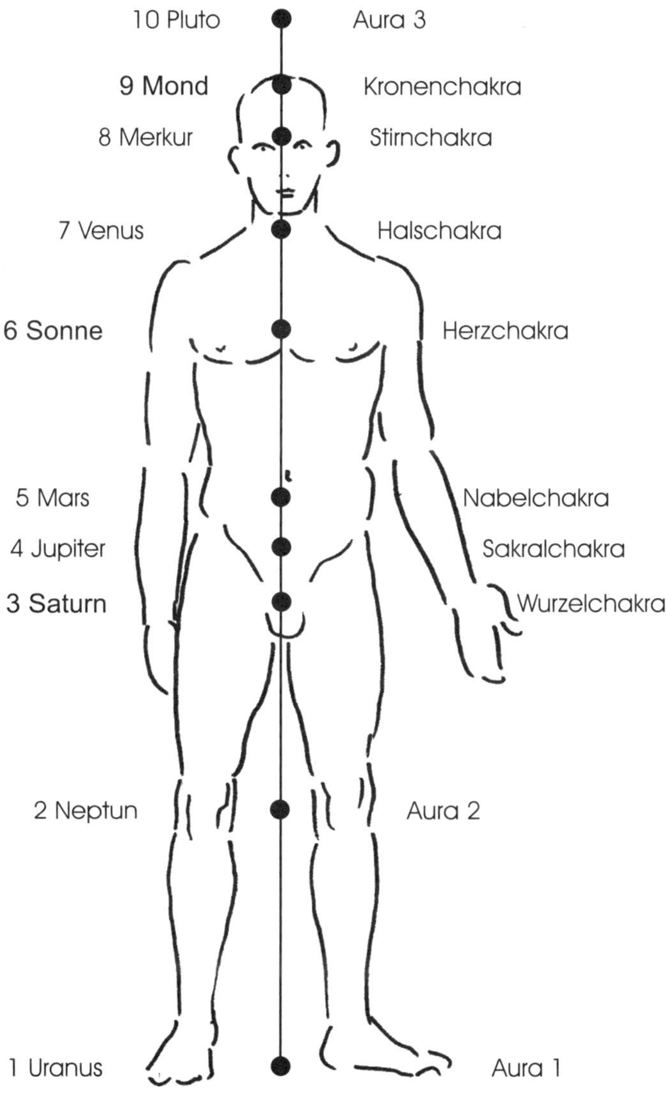

Übersicht 6

Altes Testament	Neues Testament	Offenbarung
Heiliger Geist	Christus	Vater
Wurzel	Stamm	Krone
philosophisches Ei	Wasser des Lebens	Stein der Weisen
Schwert	Drachenkampf	Tarnkappe
Tarot	Astrologie	I Ging
5 Sinne	12 Meridiane	7 Chakren
5 Vokale	12 Gleitlaute	7 Verschlusslaute
5 Elemente	12 Tierkreiszeichen	7 Planeten
5 Lendenwirbel	12 Brustwirbel	7 Halswirbel
Bedürfnisse	Emotionen	Bewusstseinsstufen
Temperament	Charakter	Bewusstseinsmodus
Empfindung	Gemüt + Verstand	Bewusstsein
Uranus	Neptun	Pluto
O	M	N
Imagination	Inspiration	Intuition

Übersicht 7

Erde	Feuer	Luft	Äther	Wasser
A	E	I	O	U
Haut	Zunge	Nase	Auge	Ohr
Wirklichkeit	Aktion	Möglichkeit	Imagination	Organisation
Sicherheit	Macht	Freiheit	Entwicklung	Zugehörigkeit

Übersicht 8

Widder	Y	Herzmeridian
Stier	Z	Milz-Pankreas-meridian
Zwillinge	F	Magenmeridian
Krebs	G	Dickdarmmeridian
Löwe	H	Lungenmeridian
Jungfrau	J	Lebermeridian
Waage	L	Gallenblasenmeridian
Skorpion	Q	Dreifacher Erwärmer Schilddrüsenmeridian
Schütze	S	Kreislauf-Sexusmeridian
Steinbock	V	Nierenmeridian
Wassermann	W	Blasenmeridian
Fische	X	Dünndarmmeridian

Übersicht 9

Mond	C	Reichtum
Mars	P	Kraft
Merkur	B	Ansehen
Jupiter	K	Wachstum
Venus	D	Liebe – Ehe
Saturn	T	Glaube
Sonne	R	Gesundheit

Der Raum

9 Reichtum	8 Ansehen	7 Ehe
6 Gesundheit	5 Kraft	4 Wachstum
3 Glaube	2 Liebe	1 Hoffnung

Der Norden oder die Tür

Johannes 14,25

Solches habe ich zu euch geredet, solange ich bei euch gewesen bin. Aber der Tröster, der Heilige Geist, welchen mein Vater senden wird in meinem Namen, der wird euch alles lehren und euch erinnern alles des, das ich euch gesagt habe.

Matthäus 6,9

1. Unser Vater im Himmel!
2. Dein Name werde geheiligt.
3. Dein Reich komme.
4. Dein Wille geschehe
5. wie im Himmel so auf Erden.
6. Unser tägliches Brot gib uns heute.
7. Und vergib uns unsere Schuld,
8. wie auch wir vergeben unsern Schuldigern.
9. Und führe uns nicht in Versuchung,
10. sondern erlöse uns von dem Bösen.
11. Denn dein ist das Reich und die Kraft
12. und die Herrlichkeit in Ewigkeit.
13. Amen.

Markus 11,22

Und Jesus antwortete und sprach zu ihnen: Habt Glauben an Gott! Wahrlich, ich sage euch: Wer zu diesem Berge spräche: Heb dich und wirf dich ins Meer! und zweifelte nicht in seinem Herzen, sondern glaubte, dass geschehen werde, was er sagt, so wird's ihm geschehen. Darum sage ich euch: Alles, was ihr bittet in eurem Gebet, glaubt nur, dass ihr's empfangt, so wird's euch zuteil werden. Und wenn ihr steht und betet, so vergebt, wenn ihr etwas gegen jemanden habt, damit auch euer Vater im Himmel euch vergebe eure Übertretungen.

Seminar "Die drei Ringe der Kraft"

Im Seminar werden die Techniken zur Aktivierung der drei Ringe der Kraft vermittelt. Durch den ersten Ring wird man mit der universellen Energie verbunden, der zweite Ring reinigt die Aura und der dritte Ring öffnet das dritte Auge. Informationen und Anmeldung:
www.die-5-wege.de oder **www.der-hermetische-weg.de**

Das Seminar – Feedback von Teilnehmern:

"Die Energie des ersten Ringes ist sehr intensiv und doch immer angenehm. Das Einzige, was anfangs dagegen halten wollte (wie in so vielen Situationen; allen?), waren die Gedanken (Sorgen, Ängste vor unbekannten Dingen), doch ich ließ sie zu, ohne dagegen anzukämpfen und ohne sie zu ernst zu nehmen. Und mittlerweile ist die Energie eine absolut wohlwollende und vertraute. Sie steigt bis zum Kopf (dort merke ich, wie es teils noch leicht flimmert und arbeitet – wie als würde dort etwas gesäubert oder als würden neue Verbindungen/Vernetzungen geschaffen werden). Die Energie bleibt auch immer länger angenehm spürbar im Körper – sie normalisiert sich mehr und mehr, als wenn sie immer schon ein Teil von mir – oder etwa ich von ihr – gewesen wäre. Außerdem spüre ich von den Füßen bis zum Kopf ansteigend ein Kribbeln, eine Wärme, während ich den Ring ausführe. Teilweise auch ein Schütteln und leichtes Zucken (allerdings nicht unangenehm, sondern einfach lebendig). Es erhöht sich meinem Gefühl nach ganz klar die Schwingung in meinem Körper (meinen Zellen). Ich scheine schneller zu schwingen, auch zu denken und wahrzunehmen, und gleichzeitig werde ich innerlich ruhiger und ausgeglichener. Dann nehmen Situationen zu, in denen ich an etwas denke (etwas wahrnehme), und kurz darauf passiert es genau so. Dies ist mir zwar nicht unbekannt, jedoch wird es häufiger und intensiver – ja, sogar immer mehr normal; so als sei es nichts Besonderes mehr."

"Jetzt gebe ich dir ein Feedback zu Deinem hervorragenden Seminar. Mittlerweile kann ich von gut 19 Jahren Erfahrung sprechen in Bezug auf Mentaltraining, Arbeit mit dem Unterbewusstsein, Astralreisen, verschiedensten Yoga-Arten und Meditationen. Doch Deine Techniken haben in ihrer Wirkungskraft alles andere in den Schatten gestellt. Es hat sich nicht nur das Dritte Auge geöffnet, es entwickelt sich jetzt alles ganz schnell. In meiner täglichen Arbeitsweise mit den Patienten sehe ich ihre Probleme vor meinem geistigen Auge wie bei einem Film ablaufen, teilweise sehe ich Dinge schon voraus. Alles hat sich grundlegend zum Positiven verändert. Ich werde von fremden Menschen auf meine Tätigkeiten angesprochen. Die Menschen kommen von selbst auf mich zu. Auch auf Bewusstseinsebenen mache ich Quantensprünge. Ich bin froh, bei Deinem einzigartigen Seminar dabei gewesen zu sein. Es ist ein Meilenstein in meiner geistigen und spirituellen Entwicklung. Nochmals vielen Dank für alles, was ich von Dir lernen konnte und umzusetzen beginne. Du hast auch keinesfalls übertrieben im geschäftlichen Sinne – es läuft wie von alleine."

"Es ist mir ein sehr großes Bedürfnis, über meine positiven gesundheitlichen Veränderungen, mit Deinen, beim Seminar gelernten Techniken, zu berichten. Alle meine im laufe meines Lebens erlitten Restbeschwerden von diversen Knochenverletzungen sind jetzt ganz verschwunden. Meine Sehleistung hat sich verbessert. Ich kann jetzt wieder ohne Lesebrille lesen. Als weiteres verschwand mein Tinnitus fast zur Gänze. Meine Vitalkraft hat sich ums doppelte verstärkt. Auch habe ich meine in der letzten Zeit aufgetretene Hektik komplett abgelegt – ich bin ruhiger und ausgeglichener geworden. Sehr viele Seminare habe ich schon besucht, aber Dein Seminar war das Wertvollste, das ich besuchen durfte."

"Ich bin am Schweben – seit einer Woche fließt die Energie (Kundalini) aus dem Sakralbereich – herrlich!"